ESSAI

D'UNE

BIBLIOGRAPHIE RAISONNÉE

DE

L'ACADÉMIE FRANÇAISE

PAR

RENÉ KERVILER

CORRESPONDANT DU MINISTÈRE DE L'INSTRUCTION PUBLIQUE

Auteur des *Études sur le Groupe académique du chancelier Séguier*

PARIS

LIBRAIRIE DE LA SOCIÉTÉ BIBLIOGRAPHIQUE

35, RUE DE GRENELLE-SAINT-GERMAIN, 35.

1877

ESSAI

BIBLIOGRAPHIE RAISONNÉE

DE

L'ACADÉMIE FRANÇAISE

AUTRES OUVRAGES DU MÊME AUTEUR

LES ACADÉMICIENS BIBLIOPHILES. — Études publiées dans le *Bibliophile français*. Paris, Bachelin-Deflorenne, 1872-1873.

LA BRETAGNE A L'ACADÉMIE FRANÇAISE. — Études en publication dans la *Revue de Bretagne et de Vendée*, depuis le mois de juillet 1873. — Nantes, V. Forest et E. Grimaud.

LE CHANCELIER PIERRE SÉGUIER, second protecteur de l'Académie française. — Études sur sa vie privée, politique et littéraire, et sur le Groupe académique de ses familiers et commensaux. — Paris, Didier, 1875, 1 vol. in-8, et 1876, 1 vol. in-18.

JEAN DE SILHON, l'un des quarante fondateurs de l'Académie française. — Paris, Dumoulin, 1876, in-8.

JEAN OGIER DE GOMBAULD, l'un des quarante fondateurs de l'Académie française. — Paris, Aubry, 1876, in-8.

JEAN-FRANÇOIS-PAUL LEFEBVRE DE CAUMARTIN, évêque de Vannes et de Blois, membre de l'Académie française et de celle des Inscriptions. — Vannes, veuve Galles, 1876, in-8.

MARIN LE ROY DE GOMBERVILLE, l'un des quarante fondateurs de l'Académie française. — Paris, Claudin, 1876, in-8.

LA PRESSE POLITIQUE SOUS RICHELIEU et l'académicien JEAN DE SIRMOND, Paris, Baur, 1876. in-8.

GUILLAUME BAUTRU. — Paris, Menu, 1876, in-8.

HENRI-FR. SALOMON DE VIRELADE. — Paris, Dumoulin, 1876, in-8.

NICOLAS PERROT D'ABLANCOURT. — Paris, Menu, 1877, in-8.

ÉTUDE CRITIQUE SUR LA GÉOGRAPHIE DE LA PRESQU'ILE ARMORICAINE au commencement et à la fin de l'occupation romaine. — Saint-Brieuc, Prudhomme, 1874. in-8. Cartes.

ESQUISSE D'UN PROJET D'UNE BIBLIOTHÈQUE HISTORIQUE DE LA BRE-TAGNE. — Saint-Brieuc, Prudhomme, 1875, in-8.

UN CHAPITRE INÉDIT DE L'HISTOIRE DE SAINT-NAZAIRE, du quinzième au dix-huitième siècle. — Nantes, Forest et Grimaud, 1876, in-8.

L'AGE DU BRONZE ET LES GALLO-ROMAINS A SAINT-NAZAIRE. — Paris Didier, 1877, in-8.

Saint-Quentin. — Imp. J. Mourea

ESSAI

D'UNE

BIBLIOGRAPHIE RAISONNÉE

DE

L'ACADÉMIE FRANÇAISE

PAR

RENÉ KERVILER

CORRESPONDANT DU MINISTÈRE DE L'INSTRUCTION PUBLIQUE,

Auteur des *Études sur le Groupe académique du chancelier Séguier*

PARIS

LIBRAIRIE DE LA SOCIÉTÉ BIBLIOGRAPHIQUE

35, RUE DE GRENELLE-SAINT-GERMAIN, 35.

—

1877

EXTRAIT DU *POLYBIBLION*

REVUE BIBLIOGRAPHIQUE UNIVERSELLE

Tiré à 110 exemplaires

dont 10 exemplaires sur papier vélin et numérotés.

A

L'ACADÉMIE FRANÇAISE

HOMMAGE RESPECTUEUX

D'UN EXPLORATEUR INFATIGABLE DE SES ANNALES

RENÉ KERVILER.

L'unité du travail, la durée du zèle, la persévérance de la passion, l'ardeur de la convoitise et l'honnêteté du but,... voilà comme on réussit quelquefois dans le monde.

CUVILIER-FLEURY. — *Études historiques.*

ESSAI

D'UNE

BIBLIOGRAPHIE RAISONNÉE

DE

L'ACADÉMIE FRANÇAISE

~~~~~~~~~~~~~~~~~

PRÉFACE

Pellisson et d'Olivet ont donné, à la suite de leur *Histoire de l'Académie française*, des listes bibliographiques des ouvrages de tous les académiciens dont ils avaient esquissé la physionomie : mais ces listes sèches et arides, outre qu'elles sont fort incomplètes, ne comprennent qu'une période relativement très-courte de la série académique. Nous avons pensé qu'il serait intéressant de refondre et de compléter leur travail, en y ajoutant la bibliographie des travaux biographiques ou critiques dont les académiciens, soit en groupes, soit isolément, ont été l'objet depuis la fondation de l'illustre compagnie jusqu'à nos jours. Dans ce premier essai, nous nous bornerons à la bibliographie de ce qui concerne l'Académie en général, son histoire, les critiques et les satires qu'elle a subies, les études sur les groupes particuliers d'académiciens, leurs œuvres collectives, etc.

Il est inutile de rappeler que l'Académie a été fondée, en 1634, par le cardinal de Richelieu, son premier protecteur, auquel succéda le chancelier Séguier, en 1643 ; que le roi la prit directement sous sa protection en 1672 ; qu'elle fut supprimée par la Convention, le 8 août 1793; qu'elle reparut sous le titre de 2º classe (de grammaire) de l'Institut en 1803, avec son nombre fatidique de quarante membres et qu'elle reprit définitivement, en 1815, son nom d'Académie française.

HISTOIRE
DE L'ACADÉMIE ET DE SES TRAVAUX

~~~~~~~~~~ ~~~~~~~~~~

I

1. *Relation contenant l'histoire de l'Académie françoise.* Paris, chez Pierre le Petit, imprimeur ordinaire du roy et de l'Académie, rue Saint-Jacques, à la Croix d'Or, 1653, in-8. — Anonyme, mais le privilége est au nom de *Pellisson* (Paul Pellisson-Fontanier). Ce petit livre, qui passe à bon droit pour un des chefs-d'œuvre de notre littérature, est trop connu pour qu'il soit nécessaire d'insister ici sur son intérêt. Il a eu un grand nombre d'éditions pendant le dix-septième et le dix-huitième siècles. Citons en particulier :

a — *Relation contenant l'histoire de l'Académie françoise,* par M. P. — Jouxte la copie. Bruxelles, Foppens, 1671, in-12. Charmante petite édition qui fait partie de la Collection des elzeviers.

b — *Id.* s. l. Jouxte la copie imprimée à Paris, chez Augustin Courbé, 1671, in-12.

c — *Relation,* etc. — Augmentée de plusieurs pièces, entre autres de l'ordre de l'Académie françoise, pour l'établissement de deux prix. Paris, Pierre le Petit, 1672, in-12. On la rencontre aussi avec la signature Th. Jolly (achevé d'imprimer le 30 janvier 1672) ou Louis Billaine, 1672, in-12. — Presque toutes les éditions, depuis 1672, portent le nom de Pellisson, et s'intitulent : *Histoire de l'Académie françoise.* Citons :

d — *Histoire de l'Académie françoise, avec un abrégé des vies du cardinal de Richelieu, Vaugelas, Corneille, Ablancourt, Mézeraï, Voiture, Patru, La Fontaine, Boileau, Racine et d'autres illustres académiciens qui la composent.* Dernière édition corrigée et augmentée de divers ouvrages du même auteur, etc. La Haye, 1688, pet. in-12. — On trouve à la suite une liste des « noms et qualités des académiciens qui ont été reçus depuis la fin de 1652 jusqu'au mois de janvier 1672. » — Cette édition, qui paraît être une contrefaçon donnée par quelque émigré protestant, contient beaucoup d'erreurs. C'est là que M. de Labouisse-Rochefort a appris que Pellisson était de Castres. Il est aujourd'hui bien constaté que Pellission est né à Béziers.

c — *Histoire de l'Académie françoise*, par M. Pellisson, avec les sentiments de cette compagnie sur la tragi-comédie du *Cid*. — A Paris, chez J.-B. Coignard, imprimeur du roy et de l'Académie, rue Saint-Jacques, à la *Bible-d'Or*, 1700 et 1701, petit in-12, en deux parties, à pagination séparée, en un seul volume, avec une liste des académiciens en 1700 et en 1701. — *Ibid.*, 1708, et Amsterdam, 1717.

(Voir des comptes rendus du livre de Pellisson : *Journal des Savans*, novembre 1700; — Baillet, *Jugemens des Savans*, II, 49 ; — *République des Lettres*, de Bernard, janvier 1717, etc.)

2. — *Histoire de l'Académie françoise, depuis son établissement jusqu'à* 1652, par M. Pellisson, avec des remarques et des additions. Paris, J.-B. Coignard fils, 1729, 2 vol. in-4, et 1730, 2 vol. in-12.

C'est l'histoire de Pellisson, annotée et continuée jusqu'en 1700 par l'abbé *d'Olivet* (Pierre-Joseph Thoulier d'Olivet), qui a signé la dédicace à l'Académie. Le premier volume ne contient que l'histoire de Pellisson, avec des remarques et des additions importantes. Le second volume commence à l'année 1652, où Pellisson s'était arrêté, et porte un titre spécial : *Histoire de l'Académie française depuis 1652 jusqu'à 1700*, par l'abbé d'Olivet. — Les notes de Quérard (*France littéraire*) nous apprennent que d'Olivet avait continué son travail jusqu'en 1715, mais que, pour n'être pas obligé de louer des académiciens peu louables, il jeta son manuscrit au feu. — Il y a une autre édition de 1743, en deux volumes in-12, qui est plus complète que les précédentes : elle contient de nombreuses additions et corrections. — On connaît aussi une édition de 1730, à Amsterdam, chez Bernard, in-12.

(Voir des comptes rendus du livre de l'abbé d'Olivet : *Journal de Leipsic*, 1730, p. 358 ; — *Journal de Verdun*, mars 1730, etc.)

3. — *Histoire de l'Académie française par Pellisson et d'Olivet, avec une introduction, des éclaircissements et notes* par M. Ch. L. Livet. — Paris, Didier, 1858, 2 vol. in-8. — L'introduction et les notes de M. Livet sont très-intéressantes, mais ce qui rend ces volumes précieux, ce sont leurs nombreux appendices, parmi lesquels, outre différentes pièces déjà imprimées sur l'Académie, comme les Harangues de Pellisson, la comédie des Académistes de Saint-Evremont, la requête des dictionnaires de Ménage, une épître de Boisrobert, des extraits des Mémoires de Perrault, etc., etc., on

remarque deux longues séries de lettres inédites de Chapelain et une correspondance aussi inédite de l'abbé d'Olivet avec le président Bouhier, renfermant une foule d'incidents curieux de l'histoire intime de l'Académie. On peut lire un excellent compte rendu de cette publication, par M. Sainte-Beuve, dans ses *Causeries du Lundi*. Paris, Garnier, 1861, tome XIV (p. 195-218) : ce compte rendu apprend lui-même bien des choses nouvelles. — Consulter aussi le chapitre II, intitulé « l'Académie française et ces historiens » des *Lettres satiriques et critiques* de H. Babou. Paris, Poulet-Malassis, 1860, 1 vol. in-12 (p. 17-31).

4. — Duclos. *Histoire de l'Académie française.* — Fragment inséré au t. VIII des *Œuvres complètes* de Duclos. Paris, Janet et Cotelle, 1820-1821, 9 vol. in-8. — C'est une continuation fort médiocre de l'histoire de l'abbé d'Olivet, que l'intraitable secrétaire perpétuel se proposait de compléter par les éloges des académiciens morts depuis 1700 : mais il n'a laissé que l'*Éloge de Fontenelle*, éloge bizarre qui ne fait pas trop regretter les autres. — On peut lire dans les *Mémoires secrets de la République des lettres* (par Bachaumont) pour 1771, un piquant compte rendu de la lecture que Duclos fit de son manuscrit en séance publique.

5. — *Histoire des membres de l'Académie françoise morts depuis 1700 jusqu'en 1771, pour servir de suite aux Éloges imprimés et lus dans les séances publiques de cette compagnie*, par M. d'Alembert, secrétaire perpétuel de l'Académie françoise et membre des académies des sciences de France, d'Angleterre, de Prusse, de Russie, de Suède, de Portugal, de Bologne, de Turin, de Naples, de Cassel, de Boston et de Norwège. A Paris, chez Moutard, imp.-libraire de la Reine, de Madame... et de l'Académie des sciences, rue des Mathurins, hôtel de Cluni, 1787, 6 vol. in-12. Ouvrage posthume, publié par Condorcet. Le premier volume avait paru isolément, du vivant de d'Alembert, en 1779, avec le titre de : *Éloges de plusieurs savants, lus dans les séances de l'Académie*. Il n'y a que le titre de changé. Ce sont des éloges isolés, sans lien entre eux, précédés d'une simple introduction et accompagnés de notes justificatives très-intéressantes, de discours sur les prix décernés et de divers documents académiques. — L'ordre chronologique n'est pas suivi; mais on l'a rétabli dans les diverses éditions des œuvres complètes de d'Alembert, en particulier : Paris, Bastien, an XIV, 18 vol. in-8, et Bossange, 1821, 5 vol. in-8.

6. — Villemain. *Introduction à une histoire de l'Académie depuis d'Alembert.* Article publié dans la *Revue des Deux-Mondes*, livraison du 15 septembre 1852.

7. — Sainte-Beuve. *L'Académie française, histoire de l'Académie depuis 1803, des nouvelles fondations,* etc., composée pour le *Paris-Guide*, Paris, Albert La-

croix, 1867, 2 vol. in-8, — et réimprimée dans les *Nouveaux Lundis*, tome XII, Paris, Michel Lévy, 1871 (p. 402-438).

8. — *Histoire de l'Académie française depuis sa fondation jusqu'en 1830*, par M. Paul Mesnard. Paris, Charpentier, 1857, 1 vol. in-18. — Ce livre fort intéressant, qui contient une liste de tous les académiciens, par ordre chronologique de réceptions, et une liste par fauteuils, s'attache surtout à l'histoire des relations de l'Académie avec ses protecteurs et avec le pouvoir central. — On peut en lire un excellent compte rendu au tome III des *Œuvres complètes* de H. Rigault, Paris, Hachette, 1859, 4 vol. in-8.

9. — MAYNARD. *L'Académie et les Académiciens*. Série d'études biographiques et littéraires sur les membres de l'Académie française classés par fauteuils, publiés par M. l'abbé Ulysse Maynard, dans la *Bibliograhpie catholique*, depuis le mois de juillet 1856 jusqu'au mois d'août 1872, et précédées, dans la première livraison, d'une notice sommaire sur l'histoire de l'Académie. Paris, aux bureaux de la Revue, rue de Sèvres, 31, in-8. — Ces études n'ont pas été réunies en volume. — L'ordre numérique des fauteuils n'est pas suivi : c'est ainsi qu'on trouve le 37e étudié en 1858, le 21e en 1868, le 31e en 1869, le 19e en 1870. — Nous ne leur ferons qu'un reproche, celui d'être un peu inégales en importance : plusieurs académiciens sont trop sacrifiés à leurs voisins : mais, en revanche, on reconnaît partout l'étude consciencieuse et de première main qui rectifie bien des erreurs accréditées.

10. — PHILARÈTE CHASLES et VICTOR FOURNEL. — *Histoire anecdotique des quarante fauteuils de l'Académie française*. — Série d'études légères, avec des portraits gravés sur bois, publiées dans le *Musée des familles*, en 1854, 1855 et 1856, par M. Chasles, et depuis 1857, par M. Fournel. Les premières ne sont qu'un recueil d'anas plus ou moins contrôlés, assez ingénieusement reliés dans des cadres fantaisistes, sur les académiciens, groupés par fauteuils au nom du dernier occupant : « Ne supposez pas, disait cependant M. Philarète Chasles, que le caprice ou la fiction entrent pour rien dans les curieux portraits qui vont suivre : tous les faits bizarres et romanesques relatifs à l'aventureux Campistron, à l'ambassadeur roturier Destouches, au révolutionnaire Chamfort, à l'amuseur de Richelieu, Boisrobert, je les recueille fidèlement dans les annales et les chroniques de leur époque. Le théâtre du hasard et de la vie est disposé avec plus d'art et de fantaisie que les plus habiles ou les plus audacieuses créations... » — Ces études sont très-inégales en importance. Ainsi, pour le fauteuil de M. de Ségur, publié en 1856 (t. XXIII du *Musée des familles*), il y a 20 colonnes sur Boisrobert, 2 sur Segrais, 2 sur Campistron, 2 sur Destouches, 2 sur de Boissy, 1/4 sur La Curne de Sainte-Palaye, 10 sur Chamfort, 1/2 sur le duc de Levis, 2 sur le comte de Ségur. — M. Victor Fournel a publié, en 1857, le fauteuil de Lamartine ; en 1858, ceux de

Scribe et de Barante; en 1859, celui de Saint-Marc Girardin ; en 1861
celui de Victor Hugo, etc. — Ses études sont très-supérieures aux précédentes : on y reconnaît une saine critique sans érudition pédantesque.

11. — ÉDOUARD FOURNIER. *Histoire du fauteuil de M. Berryer à l'Académie
française*. Série d'études publiées dans la *Revue française,* à partir du 10 mars
1855. Cette revue, que dirigeaient MM. Morel et Oger, a paru de 1855 à 1859.

12. — PHILARÈTE CHASLES. *Les Fauteuils de l'Académie française*. Série d'é-
tudes publiées en 1855 et 1856, dans la même *Revue française,* parallèlement à
celles que le même auteur publiait simultanément dans le *Musée des familles*
(voir nº 10), et qui ne s'écoulaient pas assez vite à son gré. Nous trouvons,
en septembre 1855, le fauteuil de Sainte-Beuve (deux livraisons) ; en février
et mars 1856, le fauteuil de Louis Vitet (trois livraisons). Série achevée.

13. — VICTOR FOURNEL. *Les Fauteuils de l'Académie française*. Série d'études
publiées en 1864, dans la nouvelle *Revue française,* fondée en 1861 par
M. Amat. On a les fauteuils de M. de Carné (février) et de M. Dufaure (avril).
— M. Fournel a aussi publié, dans la *Gazette de France*, des études sur le
fauteuil Prévost-Paradol.

14. — Consulter les articles : ACADÉMIE,— de l'*Encyclopédie méthodique* (par
d'Alembert ou Duclos?); — du *Dictionnaire philosophique* de Voltaire ; — du
Dictionnaire de la conversation ; — de l'*Encyclopédie du dix-neuvième siècle,* etc.

15. — *Tableau historique et chronologique de l'Académie française et de l'Académie des inscriptions et belles-lettres,* suivant la méthode de A Lesage, par
A. D. de Nancy. Paris, Jules Renouard, 1826, grande feuille in-plano col.
(nº 10 de l'*Atlas historique et chronologique des littérateurs*).

16. — *Premier tableau de l'Académie françoise et liste de tous les académiciens
jusqu'à présent* (août 1772), au nombre de 246, selon l'ordre de l'année de
la mort de ceux qui sont décédés ; où l'on voit leurs successeurs et la date
de la réception de tous. — Inséré dans la *Bibliothèque historique de la France*
du P. Le Long (édit. Fontette, t. IV, p. 52-62).

17. — *Liste de l'Académie depuis son établissement.* — Paris, Demonville,
1776, in-8. — Les statuts et règlements sont imprimés à la suite. C'est la
seule liste que nous connaissions imprimée isolément. — L'abbé d'Olivet,
dans une lettre au président Bouhier, parle cependant d'une « superbe
liste » dont il se faisait une *nouvelle édition* en 1737, et qu'il lui adresse peu
après. — Nous avons déjà cité un certain nombre de listes publiées à la
suite des diverses éditions de l'*Histoire de l'Académie* par Pellisson, d'Olivet et
Mesnard. — Voy. aussi les *Recueils de harangues* ou de pièces couronnées,
citées plus loin (§ 3), les *Curiosités littéraires* de M. Lud. Lalanne, etc., etc.—
Enfin, on a une *Liste par ordre alphabétique des membres de l'Académie française,*
depuis sa fondation jusqu'à nos jours, dressée par Albert Rance et Étienne

Charavay. — Publiée en 1867 par séries de dix à quarante noms dans l'*Amateur d'autographes* (Paris, Ét. Charavay, in-8, revue bi-mensuelle), cette liste donne les dates de la naissance, de la réception et de la mort de chaque académicien, ses qualifications littéraires, les noms de son prédécesseur et de son successeur. C'est la meilleure et la plus complète qui ait été publiée. Malheureusement on n'en a point fait de tirage à part.

18. — H. Babou. *L'Académie française et ses historiens.* — C'est le second chapitre des « lettres satiriques et critiques avec un défi au lecteur, » par Hippolyte Babou. Paris, Poulet-Malassis, 1860, 1 vol. in-12.

19. — *Chapters of the biografical history of the french Academy*, by Edw. Edwards. London, Trübner, 1864, in-8 (cité par Brunet. *Manuel du libraire*).

20. — *Histoire des quarante fauteuils de l'Académie française*, depuis la fondation jusqu'à nos jours (1635-1855), par M. Tyrtée Tastet. Paris, Adolphe Delahays, 1866, 4 vol. in-8. — Cet ouvrage comprend, à la suite d'une introduction générale (de 156 p.), résumant l'histoire de l'Académie, une série de portraits littéraires de tous les académiciens depuis l'origine, groupés par fauteuils, sous la rubrique de l'académicien le plus éminent qui ait occupé ce fauteuil. On n'y rencontre pas de notices bibliographiques. Compilation assez laborieuse, mais qui ne recourt pas assez aux sources premières et n'apprend rien de bien nouveau. Le catalogue de la Bibliothèque nationale dit que, d'après un renseignement fourni par M. Livet, les trois derniers volumes ont été rédigés par M. Léon Renard, bibliothécaire de la Marine.

21. — *Iconographie de l'Institut royal de France, ou collection des portraits des membres composant les quatre académies depuis* 1814 *jusqu'en* 1823, dessinés d'après nature par Jules Boilly. Paris, chez l'auteur et chez Pieri Benard (imp. lith. de Villars), s. d., gr. in-4; 4 tomes en un vol. — L'Académie française comprend 40 portraits : celles des inscriptions 40, celle des sciences 69, celle des beaux-arts 45.

22. — *Galerie des académiciens*, portraits littéraires et artistiques, par G. Vattier. Paris, Amyot, 1863, 1864, 1866. 3 vol. pet. in-18. — Cette galerie non terminée, ce qu'on doit fort regretter d'après ce qui a paru, devait comprendre tout l'Institut contemporain. Mais l'Académie française est en très-grande majorité, comme on le voit par ce résumé de la table : Tome Ier : Portraits de Vigny, Legouvé, Feuillet, Cousin, Beulé, Dumont. — Tome II : Sainte-Beuve, Mérimée, Ponsard, Saint-Marc Girardin, Michelet, Ingres. — Tome III : de Sacy, de Montalembert, Sandeau, Viennet, Renan.

23. — *Mémoires pour servir à l'histoire de la vie et des ouvrages de MM. de Fontenelle et de la Motte*, tirés du *Mercure de France*, 1756, 1757 et 1758, et du *Dictionnaire de Moréri*, édition de 1759, par M. l'abbé Trublet. Amsterdam,

Marc Michel Rey, 1759, in-12, et seconde édition corrigée et augmentée, *ibid.*, 1759, 1 vol. in-12, 460 p. C'est une compilation sans ordre qui renferme beaucoup de renseignements curieux sur tous les littérateurs de cette époque, mais qui justifie parfaitement l'épigramme de Voltaire sur le chanoine de Saint-Malo. On trouvera aussi dans ce volume des mémoires sur Mme de Staël.

24. — *Lettre au public sur le mort de MM. Crébillon, Gresset,* etc., par l'auteur des *Anecdotes de l'empereur (Ducoudray).* Paris, Durand, 1777. in-8.

25. — *Fontenelle, Colardeau, et Dorat, ou éloges de ces trois écrivains célèbres.* Ouvrage renfermant plusieurs anecdotes non connues, précédé d'une lettre que Bailly a écrite à l'auteur au sujet de l'éloge de Fontenelle et suivi d'une vie de Rivarol par C. Palingeaux. Paris, Cérioux, an XI-1803 in-8.

26. — VAUNOIR. *Biographie des académiciens radiés,* suivie de celle des académiciens élus par l'ordonnance du 4 mars 1816, contresignée Vaublanc. Paris, chez les marchands de nouveautés, 1822, in-8, 96 p. (impr. Gatschy).

27. — *Les Académiciens protestants :* Conrart, Gombauld, Perrot d'Ablancourt, Pellisson... Étude publiée dans le *Bulletin de la société de l'histoire du protestantisme français,* livraison de janvier-février 1856.

28. — *Les fauteuils illustres en quarante études littéraires faisant suite aux quatre siècles littéraires,* par Mme d'Altenheym (Gabrielle Soumet). Paris, E. Ducrocq, 1860, in-18.

29. — *Le chancelier Pierre Séguier, second protecteur de l'Académie française. — Études sur sa vie privée, politique et littéraire et sur le groupe académique de ses familiers et commensaux,* par René Kerviler, ancien élève de l'École polytechnique. Paris, Didier, 1874, in-8 de 692 p. avec blasons inédits et facsimile d'autographes. (Il a été tiré cinq exemplaires sur papier vergé en deux volumes à pagination distincte, qui n'ont pas été mis dans le commerce.) — Ce groupe académique comprend des études biographiques et littéraires sur onze académiciens, accompagnées de pièces justificatives et d'un grand nombre de lettres et de documents inédits. L'auteur doit les faire suivre prochainement d'études sur un second groupe choisi parmi les quarante fondateurs de l'Académie sous le titre de : *La Cour académique du Palais-Cardinal.* — Il ne nous appartient pas d'apprécier ici cet ouvrage dont on trouve des comptes rendus dans les journaux et revues de 1874 et 1875, et qui a été signalé par M. Patin, secrétaire perpétuel de l'Académie, dans son rapport sur les concours académiques au mois d'août 1875.

30. — KERVILER. *Les Académiciens bibliophiles,* série d'études sur sept académiciens : Habert de Montmor, les abbés Bignon, Colbert, de Louvois, etc., publiées, en 1872 et en 1873, dans le *Bibliophile français.* Paris, Bachelin-

Deflorenne, gr. in-8, sur papier des Vosges. Cette revue a interrompu sa publication à la fin de 1873.

31. — *La Bourgogne à l'Académie française de 1665 à 1727*, par Ch. Muteau — Dijon, Picard et Manière, 1862, in-8.

32. — *Congrès scientifique de France*. Trente-huitième session tenue à Saint-Brieuc, du 1er au 10 juillet 1872. — *La Bretagne à l'Académie française aux dix-septième et dix-huitième siècles,* par M. Pocard Kerviler, ingénieur des ponts et chaussées. — Fragments de la lecture faite à la mairie le 4 juillet 1872. Saint-Brieuc, Guyon Francisque, 1874, in-8, 32 p. C'est un tirage à part, à 25 exemplaires, de l'étude insérée dans les Mémoires du congrès. — *Ibid.*, 1874, 2 vol. in-8. — Ce canevas général a été considérablement augmenté et développé par l'auteur, qui, depuis 1872, publie, dans la *Revue de Bretagne et de Vendée*, des études complètes sur la *Vie et les ouvrages des académiciens bretons*, sous la rubrique générale : *La Bretagne à l'Académie française. Paul et Daniel Hay du Chastelet* ont été étudiés par lui en 1873 ; les trois *ducs de Coislin* en 1874 ; *Chapelain* est en cours de publication en 1875. Il est fait de ces études un tirage à part à *douze* exemplaires.

33. — Monselet (Ch.). *Les quarante académiciens français*. — Série d'études publiées en 1874 dans le *Moniteur universel* sur les quarante membres de l'Académie alors vivants. Ces études paraissaient à peu près tous les samedis ; mais la série n'a pas été achevée. Ont paru seulement ; en janvier, MM. Feuillet et Thiers ; — en février, MM. J. Janin, de Laprade, V. Hugo ; — en mars, MM. E. Augier, C. Doucet, S. de Sacy ; — en avril, M. Autran ; — en mai, MM. J. Sandeau, C. Rousset ; — en juin, M. Cuvillier-Fleury ; — en juillet, Mgr Dupanloup ; — en août, M. Guizot ; — en octobre, M. le duc de Noailles. — En tout, quinze études, qui n'ont pas été continuées.

34. — *Le quarantième fauteuil de l'Académie française*. Étude publiée par M. Ch. L. Livet, dans le *Moniteur universel* au mois d'octobre 1875, à l'occasion de la vacance du fauteuil de M. Guizot. — M. Livet a publié à divers intervalles plusieurs études du même genre, où l'on trouve d'excellents renseignements et beaucoup de rectifications, mais lui-même en a perdu le souvenir précis, et il n'a pu nous en promettre la bibliographie que pour une époque plus éloignée.

35. — On peut enfin joindre aux ouvrages énumérés dans ce paragraphe, le suivant qui, s'il ne porte pas le titre académique, appartient véritablement à cette série.

Guizot. — *Corneille et son temps*. Étude littéraire, Paris, Didier et Cᵉ, 1852, in-8 et in-12, souvent réimprimée depuis cette époque : comprenant une étude sur l'état de la poésie en France avant Corneille, un essai sur la vie et les ouvrages de Corneille et des notices sur trois contemporains du grand poëte : Chapelain (de l'Académie), Rotrou et Scarron. — Cet ouvrage avait déjà paru en 1813, sous le titre de : *Vie des poètes français du siècle de Louis XIV*, tome Ier. Paris, Scholl, in-8, et devait avoir 3 volumes. On sait d'après une déclaration de M. Guizot, dans la préface des dernières éditions, que Mme Guizot, Mlle Pauline de Meulan, a eu la plus grande part aux études sur Chapelain, Rotrou et Scarron.

N. B. — Nous n'avons placé dans ce premier chapitre que les études historiques proprement dites, réservant pour un groupe spécial les études ou notices critiques, satiriques, etc., qui tiennent plus du pamphlet ou du panégyrique que de l'histoire.

II

36. — *Discours contenant le projet de l'Académie.* — Paris, Camuzat, 1634. — Ce discours fut rédigé par Faret pour être soumis au cardinal de Richelieu. On en trouve des extraits au premier chapitre de l'*Histoire de l'Académie,* par Pellisson, qui affirme qu'on en fit imprimer trente exemplaires. Ces exemplaires furent remis à tous les académiciens déjà choisis, pour avoir leurs observations, et tous furent rapportés avec des notes. — Nous ne sachions pas que ces documents fort précieux aient été conservés.

37. — *Lettres patentes* pour l'établissement de l'Académie. — Paris, Camuzat, 1635, in-4. — Elles ont été rédigées par Conrart et sont datées de Paris, janvier 1635. On les trouve insérées au premier chapitre de l'*Histoire de l'Académie,* par Pellisson, à la suite du *Choix de discours de réception,* etc. Paris, Demonville, 1808, 2 vol. in-8 (§ III ci-dessous), etc.

38. — *Statuts et réglements de l'Académie françoise* (donnés par Mgr le cardinal de Richelieu). — Paris, J.-B. Coignard, 1708, in-4. — Ils ont été reproduits : 1° à la suite de la *Liste de l'Académie depuis son établissement,* etc. (n° 30 ci-dessus) ; — 2° à la suite du *Choix de discours de réception,* précédemment cité; — 3° à l'appendice de l'édition Livet de l'*Histoire de l'Académie,* par Pellisson.

39. — *Lettres patentes* relatives au droit de *Committimus* au grand sceau accordé aux membres de l'Académie française. — Paris, 1673, in-4. — Elles ont été reproduites, de même que celles de 1667, par M. Livet, en appendice au deuxième volume de son édition de l'*Histoire de l'Académie.*

40. — *Catalogue des livres donnez par le Roy à l'Académie françoise.* — Paris, de l'impr. de Pierre le Petit, impr. de S. M. et de l'Académie, 1674, petit in-4, 64 p. — L'abbé d'Olivet dit qu'il y en a un autre imprimé à Nancy, le 21 août 1673.

41. — *Lettre de M. l'abbé d'Olivet*, de l'Académie française, — à M. le président Bouhier, où il répond aux objections faites contre l'usage de demander et de solliciter avant que d'être reçu à l'Académie et aux raisons qui le portaient à ne point continuer l'histoire de cette compagnie depuis 1700. — Paris, Coignard, 1733, in-12.— Cette lettre en contient réellement deux : la première, écrite à l'occasion de la candidature de l'avocat Normant qui avait refusé de faire des visites, se retrouve aussi dans le *Recueil d'opuscules littéraires.*, Amst. Hartevelt, 1767, in-12. — La seconde, qui concerne l'histoire même de l'Académie, a été imprimée, en 1754 dans les *Mélanges historiques et philologiques* de Michault, avocat au parlement de Dijon. — Paris, Tilliard, 2 vol. in-12. — M. Livet a reproduit les deux lettres en appendice à son édition de l'*Histoire de l'Académie*, par Pellisson et d'Olivet, II (394-402), avec une lettre curieuse de Fraguier à d'Olivet, une vie de l'abbé Genest, déjà imprimée dans les *Mélanges* de Michault, et de nombreux extraits de la correspondance inédite de l'abbé d'Olivet au président Bouhier, relatifs à l'histoire de l'Académie française.

42. — *Réglements pour l'Académie françoise*. — Du 30 mai 1752, en douze articles.— Paris, Brunet, 1752, in-4. — Ces nouveaux règlements, donnés par Louis XV, ont aussi été reproduits à la suite du *Choix de discours de réception*, précédemment cité.

43. — *Harangues de l'Académie en corps ou en députation* à ses protecteurs, aux rois, princes, princesses, français ou étrangers, et à divers personnages illustres, prononcées en diverses circonstances à titre d'honneur ou de remercîments, etc.—Voy. la bibliographie des recueils de harangues académiques, à notre § 3. — M. Livet a fait le relevé de tous ces discours prononcés depuis la fondation de l'Académie jusqu'en 1700, dans son édition de l'*Histoire de l'Académie*. II (33-35).

44. — *Almanach des beaux-arts*, contenant les noms et les ouvrages des gens de lettres, des sçavans et des artistes célèbres qui vivent actuellement en France. — Paris, Duchesne, 1752, in-18, et 1753, in-18. — Ce recueil, qui est de Duport du Tertre, commence par la description des académies. Il n'a paru que pendant deux ans, et a été remplacé par :

45. — *La France littéraire, ou les Beaux-Arts*, contenant les noms et les ouvrages des gens de lettres, des sçavans et des artistes célèbres qui vivent actuellement en France; augmentée du catalogue des académies établies tant à Paris que dans les différentes villes du royaume. Paris, Vᵉ Duchesne, 1756, in-24, réimprimé par Formey, à Berlin (Hande et Spener), en 1757. — Ce recueil est de l'abbé de la Porte qui le réédita avec des additions en 1758, 1760, 1762 et 1764; puis, s'étant adjoint l'abbé d'Hébrail, il le transforma en :

46. — *La France littéraire*, contenant : 1° les académies établies à Paris et dans les différentes villes du royaume : 2° les auteurs vivants, avec la liste de leurs ouvrages ; 3° les auteurs morts depuis l'année 1751 inclusivement avec la liste de leurs ouvrages ; 4° le catalogue alphabétique des ouvrages de tous ces auteurs. — Paris, V° Duchesne, 1769, 2 vol. in-8. — On a un supplément, formant le 3° volume donné par l'abbé de la Porte seul en 1778, et les nouveaux éditeurs du *Dictionnaire des anonymes* de Barbier attribuent le *Nouveau supplément* de 1784 à l'abbé Guyot.

47. — Consulter la collection des « *Estat de la France, comme elle est gouvernée en l'an N...* » qui remonte à l'année 1648. On a les années 1650 par La Marinière, 1651 par Lingendes, 1653 par La Lande. Les éditions de 1656 à 1698 ont été rédigées, dit le *Dictionnaire des anonymes*, par N. Besongne ; celle de 1699 à 1718 par Trabouillet, celle de 1722 par frère Ange, celle de 1727 par frère Simplicien, celle de 1736 par les Augustins déchaussés et enfin celle de 1749 par les Bénédictins de Saint-Maur.

48. — Consulter aussi la collection de l' « *Almanach royal*, présenté à Sa Majesté pour la première fois en 1669 par Laurent d'Houry, éditeur. » Paris, Laurent d'Houry, V° d'Houry, puis Debure, 1699-1793. 95 vol. in-8.

49. — *Assemblée constituante*. — Rapport de Lebrun au nom du comité des finances le 16 août 1790, et discussion de ce rapport. (Motions de Boutidou, Lanjuinais, Grégoire, etc., publié aux *Actes de l'Assemblée constituante*, — *Ancien Moniteur*, etc.

50. — *Convention nationale*. — 8 août 1793. — Rapport de Grégoire à la Convention sur les Académies, au nom du Comité d'instruction publique. Publié aux *Actes de la Convention nationale*. — *Ancien Moniteur*, etc. — Ce rapport fut suivi de la suppression des Académies.

51. — *Organisation primitive de l'Institut*. — Loi du 3 brumaire an IV (25 octobre 1795). — Publiée au *Bulletin des lois*. — Les titres IV et V sont reproduits dans les *Annuaires de l'Institut* (Voy. n° 65 ci-dessous).

52. — *Loi du 15 germinal an IV* (4 avril 1796) portant un *Réglement pour l'Institut*. — V. *Bulletin des lois* et *Annuaires de l'Institut*.

53. — *Loi du 11 floréal an X* (30 avril 1802). — Attributions nouvelles données à l'Institut. — V. *Bulletin des lois* et *Annuaires de l'Institut*.

54. — *Décret de réorganisation de l'Institut*. — Arrêté consulaire du 3 pluviôse an XI (23 janvier 1803), établissant la nouvelle organisation, et arrêté du gouvernement du 8 pluviôse nommant les membres de l'Institut. — V. *Bulletin des lois* et *Annuaires de l'Institut*. On sait que la 2° classe de l'Institut, sous le titre de classe de grammaire et de littérature, fut la représentation exacte de l'ancienne Académie, avec le nombre de 40 et les mêmes successions, mais sans le nom.

55. — *Arrêté du gouvernement pour la translation de l'Institut au pavillon des Quatre-Nations.* — Réimprimé dans le *Magasin encyclopédique*, année 1805, t. II, p. 421. — L'Institut était auparavant au Louvre.

56. — *Institut national.* — *Extrait du procès-verbal de la séance générale extraordinaire* (des 4 classes) du 7 brumaire an XIV. — Paris, de l'imprimerie de Baudouin, imprimeur de l'Institut national, s. d. in-4, 8 p. — C'est une proposition d'adresse à S. M. l'empereur et roi, avec le projet de l'érection d'une statue en son honneur, dans la nouvelle salle des séances publiques.

57. — *Exécution du chant d'inauguration de la statue de S. M. l'empereur et roi.* — Feuille volante, réimprimée dans le *Magasin encyclopédique*, 1807, II, 197, etc.

58. — *Organisation et réglements de l'Institut des sciences, lettres et arts.* — Paris, Baudouin, impr. de l'Institut, janvier 1807, in-18 de xii-276 p. — Recueil très-complet.

59. — *Décret du 24 fructidor an XII* (10 septembre 1804) et du 28 novembre 1809 sur les prix décennaux. — Voy. *Bulletin des lois.* — *Annuaires de l'Institut* et notre § 3 des prix et harangues.

60. — *Observations sur quelques-unes des propositions* contenues dans une lettre adressée par M. Pelletan à l'Institut national. — La lettre du docteur Pelletan est de 1804 et fut distribuée à tous les membres de l'Institut : elle demandait de remplacer *national* par *impérial* et de mettre le nouvel empereur hors pair. Les *observations* sont de l'académicien Arnault. Elles ont été publiées ainsi que la lettre du docteur Pelletan dans le tome V de ses œuvres. Paris, Bossange, 1827, in-8.

61. — *A la classe de la langue et de la littérature française,* au sujet du désordre qui régnait dans sa dernière séance publique.— Par A. V. Arnault. *Ibid.* — On trouve dans ce tome V des œuvres d'Arnault, un assez grand nombre de pièces intéressantes, sous la rubrique générale de *Mélanges académiques.* — Plusieurs concernent les occupations et les travaux de l'Académie, en particulier le Dictionnaire. Nous les citerons au chapitre spécial qui traitera de ces travaux.

62. — *Ordonnance royale de réorganisation de l'Institut.* — 5 mars 1815. — Voy. *Bulletin des lois.* — *Annuaires et journaux.*

63. — *Décret impérial du 24 mars 1815,* annulant l'ordonnance précédente. — (Voy. *ibidem.*)

64. — *Ordonnance royale du 21 mars 1816,* réorganisant l'Institut et rétablissant définitivement l'Académie française. — (Voy. *ibidem.*)

65. — *Institut (national, impérial ou royal) de France.* — *Annuaire pour les années 1796 à 1875.* — Paris, Baudouin, puis F. Didot, imprimeurs de l'Ins-

titut. 80 vol. in-18. N'a pas paru en 1815. — C'est un recueil contenant des extraits des ordonnances et règlements constitutifs de l'Institut, suivi d'une liste de tous les membres, avec leurs adresses.

66. — *France.* — *Académies.* — *L'Institut.* — Notice historique et bibliographique, par Quérard, insérée au journal *Le Quérard*, 2e année, 1856, in-8, livraison de mai p. 317-325. — Notice malheureusement incomplète, où nous avons puisé d'excellents renseignements.

67. — *Institut royal de France.* — *Notice historique*, par M. Achille Comte, dans l'Annuaire des Sociétés scientifiques et littéraires en France et à l'étranger. — Paris, Masson, 1846, gr. in-8 de xvi-1019 p. (1-72). Cet Annuaire n'a paru que cette année.

68. — *Registres de l'Académie*, ou procès-verbaux des séances. — Ces registres, qui ne sont pas destinés au public, sont conservés au secrétariat général de l'Institut ; mais ils ne sont complets que depuis la réorganisation de l'Institut et commencent seulement en 1672. On sait que Morellet réussit à sauver, pendant la Révolution, une partie des archives, des registres, et les cahiers du dictionnaire. Il déposa ces précieux recueils, en 1805, à la Bibliothèque de l'Institut.

69. — *Institut royal de France.* — *Séance publique annuelle des cinq académies, du jeudi 2 mai* 1839. — Discours d'ouverture de M. le Président (Chevreul). — De l'Institut considéré par le triple rapport de son histoire, des liens mutuels qui unissent les cinq académies dont il se compose et de l'esprit académique de ses membres. — Paris, Didot, 1839, in-4, 29 p. — Voy. aussi la séance du 2 mai 1844. — Discours du président Ch. Dupin (Didot, in-4). — Et en général les recueils des harangues, rapports à S. M. l'empereur et roi, etc..., décrits ci-dessous.

III

N. B. — Il est très-difficile de procéder avec ordre dans la bibliographie très-complexe et fort embrouillée de cette section : personne ne l'a encore tenté et presqu'aucun de nos grands dépôts publics ne contient de collection complète de ces documents. Nous joignons les prix aux discours de réception et aux harangues générales, parce que les recueils ont toujours donné pêle-mêle toutes ces pièces, et le premier recueil connu, celui de Pierre Le Petit, commence par les pièces couronnées.

70. — *Discours de réception prononcés par les récipiendaires et les directeurs de l'Académie,* à l'occasion de toutes les réceptions académiques, publiés séparément.

On sait que l'usage des discours de réception date de la harangue de Patru en 1640. Depuis cette époque, les discours de réception ont presque tous été imprimés au moment même en format in-4. Il serait fastidieux d'en reproduire ici la liste, qui comprendrait près de quatre cents articles se bornant à l'indication monotone des noms des récipiendaires et des directeurs. Nous nous contenterons de renvoyer à toutes les listes académiques et de donner ici la suite des imprimeurs-libraires de l'Académie qui ont édité ces discours. Ce sont : 1° de 1634 à 1643, Jean Camuzat ; — 2° de 1643 à 1686, Pierre Le Petit ; — 3° de 1686 à 1689, J.-B. Coignard Ier ; — 4° de 1689 à 1713, J.-B. Coignard II ; — 5° de 1713 à 1749, J.-B. Coignard III ; — 6° de 1749 à 1760, Jacques-Bernard Brunet ; — 7° de 1760 à 1765, la veuve Brunet ; — 8° de 1765 à 1773, Regnard, puis sa veuve, puis celle-ci et Demonville ; — 9° de 1773 à 1792, Ant. Guénard-Demonville ; — 10° de 1795 à 1805, Bossange-Masson et Besson ; — 11° de 1805 à 1812, Baudoin ; — 12° de 1812 jusqu'à nos jours, les Didot, de père en fils.

Les titres de ces pièces sont ainsi libellés :

Avant la Révolution : *Discours prononcés dans l'Académie françoise, le....* à la réception de M. N... — A Paris, chez N..., impr. de l'Académie françoise (date).

A partir de la réorganisation en 1803, on lit : *Discours prononcés dans la séance publique tenue par la classe de la langue et de la littérature françoises de l'Institut national, le.....* pour la réception de M. N... (date). — A Paris, etc...

Enfin depuis 1816, on lit : *Discours prononcés dans la séance publique tenue par l'Académie française pour la réception de M...* le.. (date). — Paris, Didot, imprimeur de l'Académie française.

Nous devons ajouter que, depuis 1855, la librairie académique Didier et Cᵉ publie, en format in-8, les discours prononcés dans les séances de réception, sous le titre de : « *Institut de France. — Discours de réception de M...* — *Réponse de M..., directeur de l'Académie française, — Lus à la séance publique du ...* — Paris, Didier et Cᵉ, etc., » avec faux-titre spécial à chaque discours.

Enfin un certain nombre d'académiciens ont fait paraître les discours prononcés à leurs séances de réception, chez divers éditeurs étrangers à l'Académie, tels que : Réception Montalembert, chez Sagnier et Bray, 1852, in-8.— Réception Dupanloup, chez J. Lecoffre, 1854, gr. in-8. — Réception Émile Augier, chez M. Lévy, 1858, in-8. — Réception Prévost-Paradol, *ibidem*, etc., etc.

On sait aussi que le *Journal officiel* (et avant 1869 le *Moniteur universel)*, reproduit régulièrement *in extenso* les discours de réception et de réponse et que presque tous les journaux qui se piquent de littérature suivent son exemple.

Arrivons maintenant aux recueils spéciaux, et suivons l'ordre chronologique.

71. — *Collection Pierre Le Petit. — Recueil de quelques pièces de prose et de vers, proposez de la part de l'Académie françoise en* 1671. Paris, Pierre Le Petit, imprimeur et libraire du roy et de l'Académie françoise, rue Saint-Jacques, à la Croix-d'Or, 1671, in-12, 378 p. Il y a un faux-titre avant les discours et un autre avant les poésies. Le privilége est du 19 septembre 1671, pour cinq ans. Ce premier concours avait pour sujet d'éloquence *De la Gloire*; ce fut Mˡˡᵉ de Scudéry qui l'emporta ; et pour sujet de vers *Le Duel aboli*. La couronne fut décernée à La Monnoye, plus tard académicien. Ce premier volume a eu, à notre connaissance, au moins quatre autres éditions : deux par Couterot, acquéreur du fonds Le Petit en 1686, et deux par J.-B. Coignard, successeur de P. Le Petit, comme imprimeur de l'Académie. Nous en décrirons trois

dans les collections Couterot et Coignard, et nous ne signalerons ici que la quatrième; édition isolée par Couterot en 1693, in-12, avec le même titre et suivie d'un extrait des règlements de l'Académie sur les prix et d'une liste des sujets proposés depuis 1671 jusqu'en 1685 (382 p.).

Les autres volumes publiés successivement par P. Le Petit portent un titre différent du premier : *Recueil de plusieurs pièces d'éloquence et de poésie présentez à l'Académie françoise pour le prix de l'année* 1673. — Paris, P. Le Petit, etc. 1673, in-12 (200-36 p.), avec pagination séparée pour la prose et pour les vers. Le privilége est du 22 août 1673, pour sept ans.— *Id.* pour l'année 1675. Paris, 1675 (374 p.), à pagination suivie pour la prose et les vers, avec nouveau privilége du 29 août 1675, pour dix ans. — *Id.* pour l'année 1677. Paris, 1677 (192 p.). — *Id.* pour l'année 1679. Paris, 1679 (154 p.). — *Id.* pour l'année 1681. Paris, 1681 (xxii-136 p.), suivi du « discours prononcé à l'Académie françoise pour la distribution des prix par M. Doujat, directeur, le jour de saint Louis 1681, » à pagination spéciale. — *Id.* pour l'année 1683. Paris, 1683 (74 p.). — *Id.* pour l'année 1685. Paris, 1685 (96 p.). — Cela fait en tout huit volumes. Pierre Le Petit mourut en 1686 ; mais nous joindrons à sa collection le volume suivant qui ne se rattache pas aux collections ultérieures : *Recueil de plusieurs pièces d'éloquence et de poésie, présentez à l'Académie françoise pour les prix de* 1687 donnez le jour de la saint Louis de la mesme année, avec plusieurs autres discours qui y ont esté prononcez. — A Paris, en la boutique de Pierre Le Petit, chez Jean Villette, le fils, rue Saint-Jacques, à la Croix-d'Or. 1687, in-12 (440 p.). Achevé d'imprimer le 15 juillet 1688 (*sic*). En sorte que la collection Pierre Le Petit se compose en somme de neuf volumes[1].

72. — *Collection Couterot.* — Quelque temps après la mort de Pierre Le Petit, Jean Couterot acquit son fonds et son privilége et réimprima tous les précédents recueils en collection tomée ainsi qu'il suit : *Recueil de plusieurs pièces d'éloquence et de poésie présentez à l'Académie françoise* pour le prix de l'année 1671. Tome premier. A Paris, chez Jean Couterot et Louis Guérin, rue Saint-Jacques, à l'Image Saint-Pierre, s. d. (1687), 520 p. Ce tome premier, quoique le titre ne porte que l'indication de l'année 1671, contient aussi le concours de l'année 1673, sans pagination spéciale, mais avec un frontispice distinct, suivi du privilége obtenu par Pierre Le Petit en 1675. — *Id.* pour l'année 1675. Tome second, s. d. (1687) 577 p. Contenant les trois concours de 1675, 1677 et 1679, à pagination continue et avec faux-titres spéciaux pour chaque année. — *Id.* pour l'année 1681. Tome troisième, s. d,

---

1. Il est bon d'ajouter que presque toutes les pièces de poésie ou d'éloquence couronnées par l'Académie depuis l'origine ont été publiées isolément : mais il nous a semblé qu'il n'était utile de donner ici que la bibliographie de leurs recueils.

(1689) 756 p., contenant les cinq concours de 1681, 1683, 1685, 1687 et 1689. avec faux-titres spéciaux. — Le concours de 1681 est suivi d'un cantique de Charpentier et du discours de Doujat précédemment cité ; celui de 1687 des discours de réception de l'abbé de Choisy et du duc de Saint-Aignan ; celui de 1689 de plusieurs discours « qui ont esté prononcez et de plusieurs pièces de poësie qui ont esté leues dans l'Académie en différentes occasions. »

A cette époque, Couterot céda son privilége à J.-B. Coignard, nommé imprimeur de l'Académie, qui continua pendant quelque temps cette série tomée. On a ainsi deux autres volumes : *Recueil*, etc., pour l'année 1691, *avec plusieurs discours qui y ont esté prononcez et plusieurs pièces de poësie qui y ont esté leues en différentes occasions.* Tome quatrième. Paris, veuve J.-B. Coignard, imprimeur du roy, rue Saint-Jacques, à la Bible-d'Or, et J.-B. Coignard, fils, imprimeur du roy et de l'Académie, rue Saint-Jacques, au Lion-d'Or. 1691, in-12, 600 p., dont 300 pour le concours de 1691 et 300 pour le concours de 1693, — ce qui prouve que le livre a été imprimé en deux parties, puisque le titre est antidaté de deux ans sur la fin du volume. — *Id.* pour les années 1695 et 1697. Tome cinquième. A Paris, J.-B. Coignard. 1700, in-12 (600 p.). Cette série tomée, qui comprend cinq volumes, n'a pas été continuée.

73. — *Collection Coignard.* — En succédant à Pierre Le Petit, comme imprimeur de l'Académie française, Coignard prit le parti de joindre aux pièces couronnées dans les concours, tous les discours prononcés et toutes les pièces lues en différentes occasions, soit en séance de l'Académie, soit dans les députations. C'est ce qui rend sa collection très-précieuse. Il réimprima, du reste, tous les volumes antérieurs, mais avec le libellé des titres anciens, de sorte que la mention des pièces académiques ne s'y trouve qu'à partir de 1687 ; et le volume du concours de 1687, dans sa série, contient toutes les harangues prononcées depuis 1670 jusqu'en 1685. On y joignit même plus tard les panégyriques de saint Louis prononcés annuellement devant l'Académie par des orateurs non académiciens, les pièces d'éloquence et de poésie envoyées annuellement par l'Académie de Soissons d'après ses statuts, diverses pièces adressées par d'autres académies provinciales, etc. La collection Coignard est une véritable encyclopédie académique pendant un siècle presque entier. Il y a un certain nombre de variantes dans les titres des différents volumes, en particulier au moment des successions des différents Coignard ; mais nous ne reproduirons pas toutes ces variantes, qui ne changent en rien le fond de l'intitulé. Un grand nombre des volumes de la collection a dû être réimprimé plusieurs fois, en sorte qu'il est très-rare de trouver des collections d'édition uniforme. Nous n'en avons vu qu'une seule complète, en quarante-trois volumes, à la bibliothèque de l'Arsenal. Brunet n'en connais. sait que trente-neuf. A la bibliothèque nationale, on n'en a que trente-sept ; la nôtre en a quarante et un, et la bibliothèque de l'Institut possède bien le quarante-troisième, mais on n'a pas pu nous présenter le n° 42. Quoi qu'il en soit, voici l'énumération rapide de tous les volumes de la collection, en remarquant qu'aucun titre des volumes Coignard proprement dits ne porte de tomaison, mais que la date de leurs premières éditions et leur nombre sont indiqués à partir de 1725. C'est la veuve Regnard qui commença la tomaison des volumes, à partir du quarantième.

I. — *Recueil de quelques pièces de prose et de vers*, faites pour les prix qui avoient été proposez de la part de l'Académie françoise en 1674. Paris, J.-B. Coignard, 1696 et 1715, in-12 (368 p.)

II. — Concours de 1673. Paris, Veuve J.-B. Coignard et J.-B. Coignard fils, 1694 (260 p.) et J.-B. Coignard, 1715 (260 p.)

III. — Concours de 1675. Paris, J.-B. Coignard, 1695, 1698, 1719 et 1721, in-12 (338 p.).

IV. — Concours de 1677 et de 1679. — Les deux concours ont été édités séparément par Coignard, le premier en 1695 (192 p.), le second en 1696 (166 p.), avec la harangue de Rose au roi pour la paix ; mais l'édition de 1719, qui constitue les volumes de la série générale, les a réunis ensemble en un volume de 354 pages, à pagination continue.

V. — Concours de 1681, 1683 et 1685. — Ces trois concours ont aussi été édités séparément par Coignard, le premier en 1697 (144 p.) ; le second en 1698 (80 p.) et 1720 (112 p.) ; le troisième en 1698 (122 p.) ; mais l'édition de 1719, qui constitue les volumes de la série générale, les a réunis en un volume unique à pagination continue (306 p.).

VI. — Concours de 1687. — Éditions de 1697 et 1724 (318 p.). C'est ce volume qui contient pour la première fois la collection des harangues académiques depuis 1670 jusqu'en 1685.

VII. — Concours de 1689. — Éditions Coignard, en 1689, 1705 et 1720 (336 p.). — C'est le volume de l'édition de 1689 qui porte la mention de la cession par Couterot des anciens priviléges de Pierre le Petit, à J.-B. Coignard.

VIII. — Concours de 1691. — Éditions Coignard en 1691, 1698 (324 p.) et 1721 (316 p.). — Coignard Ier était mort en 1689 ; sa veuve, puis Coignard II lui succédèrent. C'est Coignard II qui a publié l'édition de 1691.

IX. — Concours de 1693. — Éditions de 1693, 1708 et 1729 (364 p.).

X. — Concours de 1695. — Édition de 1695 (268 p.).

XI. — Concours de 1697. — Édition de 1697 (302 p.).

XII. — Concours de 1699. — Édition de 1699 (180 p.). On supprime, à partir de ce moment, les pièces de poésie lues en-dehors des concours, et le titre porte simplement, après *Recueil*, etc. : « *avec plusieurs discours qui ont été prononcez* dans l'Académie françoise, en plusieurs occasions. » Il y a eu deux éditions à la même date et avec des monogrammes différents. L'une des deux, comprenant 192 pages, se termine par une liste des membres de l'Académie avec les prédécesseurs de chacun.

XIII. — Concours de 1701. — Édition J.-B. Coignard, 1701 (266 p.) sans liste à la fin, et 2ᵉ édition, Veuve Brunet, imprimeur-libraire de l'Académie. 1761, in-12 (246 p.).

XIV. — Concours de 1703. — Nouveau titre ; on rétablit les pièces de vers lues en séance : « *Recueil des pièces d'éloquence et de poësie* qui ont remporté les prix de l'Académie en l'année 1703, avec les discours et pièces de poésie prononcés ou lues dans l'Académie. » — Paris, J.-B. Coignard, 1703 (270 p.), 1709 et 1721 (320 p.), et Veuve Brunet, 1762, in-12 (320 p.).

XV. — Concours de 1704. — Encore quelques variantes au titre. Deux édit. : J.-B. Coignard, 1704 et J.-B. Coignard fils, 1725 (260 p.).

XVI. — Concours de 1705. — Éditions J.-B. Coignard, 1705 et J.-B. Coignard fils, 1730 (240 p.).

XVII. — Concours de 1707. — Édition J.-B. Coignard, 1707 (228 p.), avec les pièces envoyées pour la première fois par l'Académie de Soissons, à pagination séparée (28 p.) ; — 2ᵉ édition, J.-B. Coignard fils, 1726 (256 p.).

XVIII. — Concours de 1709. — Édition J.-B. Coignard, 1709 (500 p.), suivie d'une liste de l'Académie de xiij p. — 2ᵉ édition, J.-B. Coignard fils, 1726 (504 p.).

XIX. — Concours de 1711. — Éditions J.-B. Coignard, 1711 (342 p.) et fils. 1726 (436 p.).

XX. — Concours de 1713 et 1714. Édition J.-B. Coignard, 1714 (402 p.). On trouve aussi séparément le concours de 1713 (168 p.) et celui de 1714 (230 p.) ; mais le volume de la série tomée comprend les deux.

XXI. — Concours de 1715. — Éditions J.-B. Coignard, 1715 (312 p.), et fils, 1726 (376 p.).

XXII.—Concours de 1717.—Éditions J.-B. Coignard, 1717 (320 p.), et fils.1726 (436 p.). Notons, à propos de ce volume, que la table des matières se trouve à la fin, et que, dans presque tous les autres, elle est au commencement.

XXIII. — Concours de 1719, éditions J.-B. Coignard, 1719 (212 p.), et fils. 1726 (292 p.).

XXIV. — Concours de 1720 et 1721. — Édition J.-B. Coignard, 1721 192 p.).

XXV. — Concours de 1722. — J.-B. Coignard, 1723 (288 p.).

XXVI. — Concours de 1723. — J.-B. Coignard, 1723 (272 p.).

XXVII. — Concours de 1725. — J.-B. Coignard fils, 1725 (viij-416 p.). J.-B. Coignard III venait de succéder à son père comme imprimeur-libraire de l'Académie. — On trouve en tête du volume une récapitulation de tous les volumes de la collection et à la fin une liste de tous les sujets de prix donnés depuis 1671. Il en sera désormais de même pour les volumes suivants.

XXVIII. — Concours de 1727. — *Ibid.*, 1727 (viij-388 p.). Le titre porte désormais : « *Recueil,* etc., *avec plusieurs discours,* etc., *depuis le recueil précédent.* »

XXIX. — Concours de 1729. — *Ibid.*, 1729.

XXX. — Concours de 1731. — *Ibid.*, 1732.

XXXI. — Concours de 1733. — *Ibid.*, 1734 (x-184-iiij p.) avec une liste de MM. de l'Académie, au mois de juillet 1734.

XXXII. — Concours de 1735 à 1737. — *Ibid.*, 1737 (vj-496 p.).

XXXIII. — Concours de 1738 à 1741 — *Ibid.* 1741 (xij-332 p.).

XXXIV. — Concours de 1743. — *Ibid.* 1744 (iv-496 p.).

XXXV. — Concours de 1744 à 1746. — *Ibid.*, 1741 (xij-312 p.).

XXXVI. — Concours de 1747 à 1753. — A Paris, au Palais, chez Bernard Brunet, imprimeur de l'Académie françoise, 1754, in-12. Bernard Brunet succédait comme imprimeur de l'Académie au troisième Coignard, mort en 1749. Il publia immédiatement la collection séparée des poésies et des discours couronnés que nous décrirons à nos numéros 76 et 77 pour ne pas faire ici de confusion.

XXXVII. — Concours de 1753 à 1759. — *Ibid.*, 1760 (xij-444 p.). On sait qu'à partir de 1753, il y eut liberté complète du sujet pour le prix de poésie, qui ne fut indiqué formellement qu'en 1776, 1779, 1782 et 1789.

XXXVIII. — Concours de 1760. — A Paris, au Palais, chez la Veuve de Bernard Brunet, imprimeur de l'Académie françoise. 1762, in-12 (xij-336 p.).

XXXIX. — Concours de 1761. — *Ibid.,* 1762 (xij-354 p.). Le bibliographe Brunet arrête ici à tort la collection, car nous possédons les deux volumes suivants.

XL. — Concours de 1762 à 1765. — A Paris, chez la Veuve Regnard, imprimeur de l'Académie françoise, 1767, in-12 (428 p.). On lit à la fin :

Fin du quarantième volume. C'est la première fois que la série se trouve tomée en chiffre : elle ne l'était que dans un tableau récapitulatif général, qui remplissait ordinairement l'une des feuilles liminaires.

XLI. — Concours de 1765. — Les discours divers prenant une place exagérée, on les supprime et le titre porte seulement : « *Recueil des pièces d'éloquence qui ont remporté le prix de l'Académie françoise en* 1765. » A Paris, chez la Vᵉ Regnard, imprimeur de l'Académie, rue Basse-des-Ursins, 1768, in-12. (404 p.). Ce volume ne contient que les éloges de Descartes par Thomas, Gaillard et Couanier-Deslandes.

XLII. — Concours de 1766. — *Ibid.*, 1769.

XLIII. — Concours de 1767 de à 1771. — Les discours de réception sont rétablis, et sur le titre on voit figurer en grosses lettres tome XLIIIᵉ. A Paris, chez Demonville, imprimeur-libraire de l'Académie françoise, rue Saint-Séverin, 1777 (384 p.) — Il est remarquable que ce volume qui clôt cette série s'arrête justement à l'année 1771. La collection commença en 1671. Cela donne une période exacte d'un siècle.

74. — *Collection Regnard et Demonville.* — Nous n'avons trouvé cette collection, qui complète la précédente jusqu'à la suppression de l'Académie, qu'à la bibliothèque de l'Institut. Elle comprend cinq volumes sous le titre : « *Pièces d'éloquence qui ont remporté le prix de l'Académie françoise depuis* 1671 *jusqu'en* 1748. Tome I, à Paris, chez Regnard, imprimeur de l'Académie françoise, grand'salle du Palais et rue Basse-des-Ursins, 1766 (406 p.). Ce volume ne contient en réalité que la période de 1671 à 1711. — Tome II. *Ibid.*, 1766, (422 p.), comprenant la période de 1714 à 1748. — Tome III, depuis 1750 jusqu'en 1763. — *Ibid.*, 1764 (408 p.). — Tome IV, depuis 1765 jusqu'en 1771, à Paris, chez A. Demonville, imprimeur-libraire de l'Académie française, rue Saint-Séverin, vis-à-vis celle de Zacharie, 1774, (424 p.) Ce volume contient les éloges de Descartes, par Thomas et Gaillard; les Malheurs de la guerre, par La Harpe; les Avantages de la paix, par Gaillard; Charles V, par La Harpe; Molière, par Chamfort, et Fénelon par La Harpe. — L'éditeur dit en tête du volume qu'il a publié un volume des pièces de poésie couronnées de 1671 à 1762. — Tome V, depuis 1773 jusqu'en 1781. A Paris, chez Demonville, imprimeur-libraire, rue Christine n° 12, 1795 (394 p.). — Contient les éloges de Colbert, par Necker; de Catinat, par La Harpe; de l'Hospital, par l'abbé Remy; de Suger et de Montauzier, par Garat.

75. — *Pièces de poésie qui ont remporté le prix de l'Académie françoise* depuis 1671 jusqu'en 1747. — Paris, Coignard, 1747, in-12; et seconde édition, de l'imprimerie de Brunet, imprimeur l'Académie. 1750, 1 volume

in-12, (338 p.) avec un « extrait de l'histoire de l'Académie françoise, » au sujet de la fondation.

76. — *Pièces d'éloquence qui ont remporté le prix de l'Académie françoise* depuis 1671 jusqu'en 1748. — Paris, Brunet, 1750, 2 vol. in-12 (406 et 426 p.). — On peut joindre à ces deux volumes un troisième imprimé sous le même titre général et comprenant les pièces d'éloquence de 1750 à 1763. Paris, Regnard, 1764, in-12.

77. — *Recueil des deux premières pièces d'éloquence* qui ont été imprimées par ordre de l'Académie française, depuis l'année 1671 jusqu'à présent, avec quelques discours qui ont été prononcés dans l'Académie. Tome I, à Rotterdam, chez Reinier Leers, 1707 (396 p.). — Ce volume s'étend jusques et y compris 1689. Nous ne sachions pas que cette série ait été continuée.

78. — *Choix d'Éloges couronnés par l'Académie françoise,* composé des éloges de Marc-Aurèle, d'Aguesseau, Duguay-Trouin et Descartes, par Thomas ; de La Fontaine et Molière, par Chamfort ; de Fénelon, Racine et Catinat, par La Harpe ; de Suger, Fontenelle et Montauzier, par Garat, et de Louis XII, par M. Noël, précédé de l'Essai sur les éloges par Thomas. Paris, J.-H. Chaumerot, 2 fort vol. in-8, 1812. — Compte rendu dans l'*Esprit des journaux,* à l'année 1824 et dans les *Annales littéraires* de Dussault. Paris, Maradan et Lenormant, 1818, 4 vol. in-8, t. III, 558 p. etc.

79. — *Choix d'éloges français les plus estimés,* contenant : Essai sur les éloges, par Thomas ; éloges de Marc-Aurèle, de Descartes, de Duguay-Trouin, par le même auteur ; de Molière et de La Fontaine, par Chamfort ; du roi de Prusse, par Guibert ; de Newton, de Tournefort, etc , par Fontenelle ; de Franklin, par Condorcet ; de Buffon, par Vicq d'Azyr. — Paris, d'Hautel, 1812, 7 vol. in-18. — Compte rendu dans l'*Esprit des journaux.*

80. — *Les Poëtes lauréats de l'Académie française.* — Recueil de poëmes couronnés depuis 1800, avec une introduction (1671-1800) et des notices bibliographiques et littéraires, par MM. Edmond Biré et Emile Grimaud. — Paris, A. Bray, 1865, 2 vol. in-18 jésus. — Excellentes études dont M. de Pontmartin a rendu un compte élogieux dans les causeries du samedi, et qui méritent largement ces éloges. Le 1er volume (396 p.) s'ouvre par une introduction qui embrasse l'intervalle compris entre la fondation du prix de poésie en 1671 et le dernier concours du dernier siècle en 1792 C'est une vue d'ensemble qui reproduit les traits saillants des luttes poétiques et des physionomies des poëtes lauréats les plus remarquables. La fin du premier volume et le second tout entier sont consacrés à la période moderne, depuis 1800 jusqu'à nos jours et reproduisent *in extenso* toutes les pièces couronnées, précédées de notices donnant à la fois la physionomie du con-

cours et la biographie du lauréat. Les auteurs annonçaient une seconde collection sous le titre de « *Les Prosateurs lauréats,* » qui, malheureusement, n'a pas encore paru.

81. — On a, depuis 1800, la collection des *prix d'éloquence* imprimés séparément sous le titre de leur sujet « ouvrage qui a remporté le prix d'éloquence décerné par la classe de la langue et de la littérature française de l'Institut, dans la séance du... par M... » Paris, Beaudouin, imprimeur de l'Institut, jusqu'en 1815 et à partir de 1816, chez Didot.

82. — *Panégyriques et Harangues,* à la louange du Roy, prononcez dans l'Académie françoise en diverses occasions. — Paris, 1680, un vol. in-8, avec un beau frontispice dessiné et gravé par Seb. Leclerc, vignettes, culs de lampe, lettres ornées, etc.

83. — *Recueil des harangues prononcées* par Messieurs de l'Académie françoise dans leurs réceptions et dans d'autres occasions différentes, depuis l'establissement de l'Académie jusqu'à présent. — Paris, J.-B. Coignard, 1698, in-4. — 2e édition, revue et augmentée. — *Ibid.,* 1714, 3 vol. in-12; le premier s'étendant de 1640 à 1681, le second de 1682 à 1693, le 3e de 1694 à 1713. — 3e édition, *ibid.,* 1735, 4 vol. in-12. Ce recueil, continué successivement par les différents libraires de l'Académie, forme, 8 volumes in-12. Le quatrième (J.-B. Coignard, 1735) s'étend de 1714 à 1730; le cinquième (Ve Brunet, 1763), de 1731 à 1744; le sixième (*ibid.,* 1764), de 1745 à 1761, et les deux autres, chez Demonville, atteignent 1789.

84. — *Recueil des harangues,* etc., comme précédemment. Amsterdam, aux dépens de la Compagnie, 1709, 2 vol. in-12, frontispice gravé. — L'avertissement dit qu'il y a eu déjà dix-sept recueils de pièces de ce genre, données depuis 1671.

85. — *Choix de discours de réception à l'Académie française,* depuis son établissement jusqu'à sa suppression ; suivis de la table chronologique de tous les membres et de ses statuts et règlements, avec une introduction par L. Boudou. — Paris, Demonville, imprimeur-libraire, rue Christine, no 2, 1808, 2 vol. in-8. (xliv, 484, 537 p.). — Voyez un compte rendu de ce recueil dans les *Annales littéraires* de Dussault. Paris, Maradan et Lenormant, 1818, 4 vol. in-8, t. II, p. 465, etc.

86. — *Recueil des discours, rapports et pièces diverses,* lus dans les séances publiques et particulières de l'Académie française. — Paris, typographie de Firmin Didot, imprimeur de l'Institut, 1847-1869, 10 vol. in-4, ainsi distribués :
1re Série. 1803-1819. Première partie publiée en 1847, comprenant tous les discours de réception et les réponses.— Deuxième partie publiée en 1847,

contenant : 1° les rapports des secrétaires perpétuels sur les concours d'éloquence et de poésie; 2° les éloges d'académiciens et autres pièces lues dans
les séances publiques; 3° les pièces divers lues en séance publique par les
membres de l'Académie.

2° Série. 1820-1829. Un seul volume, publié en 1843.

3° Série. 1830-1839. Un seul volume, publié en 1841.

4° Série. 1840-1849. Deux volumes, distribués comme dans la première
série, et publiés en 1850.

5° Série. 1850-1859. Première partie (1850-1854), publiée en 1856; —
seconde partie (1855-1869), en 1860.

6° Série. 1860-1869. Première partie (1860-1865), publiée en 1866. —
seconde partie (1865-1869). en 1870.

87. — *Les prix de vertu fondés par M. de Montyon.* — Discours prononcés
à l'Académie française par MM. Daru, Laya, etc., réunis et publiés avec
une notice sur M. de Montyon, par MM. Frédéric Lock et de Couly d'Aragon
(1819-1856). Paris, Garnier frères, 1858, gr. in-18, 2 vol. — On sait que le
prix Montyon a été fondé en 1819. (Voir plus bas, au § IV). On a la collection de tous les discours isolés, chez Didot, format in-18 (voir le numéro
suivant).

88. — Institut (royal, national ou impérial) de France. — Académie française. — *Prix de vertu, fondé par M. de Montyon.* Discours prononcé par
M..... dans la séance publique du .... sur les prix de vertu décernés
dans cette séance; suivi d'un livret contenant les récits des actions vertueuses qui ont obtenu des médailles dans cette même séance. — Paris,
imprimerie de Firmin Didot frères, etc., 1833-1875, 42 broch. in-24.

On lit en tête des premières brochures : « Extrait du registre des séances
de l'Académie française. — Pour répandre les bons exemples, faire connaître les actions vertueuses, et encourager à les imiter, l'Académie a
arrêté que non-seulement le discours prononcé par son directeur serait imprimé, mais aussi que son secrétaire perpétuel rédigerait un livret contenant les récits des traits de vertu, de dévouement et de bienfaisance qui
ont mérité des médailles; que ce livret serait imprimé à la suite du discours et le tout tiré à *dix mille exemplaires*. Il en sera envoyé à MM. les
préfets, avec invitation de les faire distribuer à MM. les sous-préfets et
maires des communes de leur département. — Certifié conforme. — Le
secrétaire perpétuel. — ARNAULT. »

A partir de 1835, cette mention n'indique le tirage qu'à *huit mille*. Elle
est supprimée à partir de 1837. — En 1842 et 1843, on trouve imprimé
en tête du livret qui suit le discours : « L'Académie a l'habitude d'inscrire,

dans son livret, le récit détaillé des belles actions qui n'ont pu être indiquées dans le discours de son directeur. Ces belles actions étant d'un ordre un peu moins élevé que celles qui obtiennent des prix, ne reçoivent que des médailles ; mais il est bon de les raconter, parce qu'elles enseignent que le plus pauvre est toujours assez riche pour faire un peu de bien. »

A partir de 1852, le titre ne porte plus la mention du livret, quoique la brochure le contienne toujours.

IV

DOCUMENTS, CRITIQUES ET PIÈCES DIVERSES CONCERNANT LES PRIX

ET LES CONCOURS ACADÉMIQUES.

A. — Ancienne Académie, de 1635 à 1793.

Il n'est pas inutile de rappeler ici que les prix de poésie et d'éloquence décernés par l'ancienne Académie n'étaient pas à beaucoup près aussi nombreux qu'ils le sont à présent. Balzac laissa, en 1655, un fonds de cent livres par an, pour un prix d'éloquence à décerner tous les deux ans : mais le concours n'eut lieu pour la première fois qu'en 1671 (lauréat : Mlle, de Scudéry), en même temps qu'un concours de poésie (lauréat : M. de la Monnoye), dont le prix fondé anonymement par les académiciens Pellisson, Conrart et de Bezons, fut payé régulièrement tous les deux ans jusqu'en 1693 par les ou le survivant des trois fondateurs, puis par l'Académie elle-même jusqu'en 1699. A cette époque, l'évêque de Noyon, Mgr de Clermont-Tonnerre, membre de l'Académie, remit au bureau un fonds de trois mille livres pour constituer une rente perpétuelle qui assurât, tous les deux ans, la somme de trois cents livres pour un prix de poésie consacré uniquement à célébrer la gloire de Louis XIV. En 1753, on réunit la fondation Clermont-Tonnerre à celle que venait de faire M. Sandron, secrétaire du roi, pour constituer une rente de cinq cents livres tous les deux ans et augmenter ainsi la valeur du prix de poésie dont le sujet devint, à partir de ce moment, facultatif, sauf en deux ou trois circonstances spéciales.

En 1766, un anonyme envoya à l'Académie une médaille d'or, pour un discours sur l'utilité des écoles gratuites de dessin, en faveur des métiers. Elle fut accordée en 1767 au peintre du roi Deschamps.

En 1779, l'Académie accepta la fondation du comte de Valbelle, dont le testament en date du 26 juin 1773 portait cette clause : « Je prie Messieurs de l'Académie française de trouver bon que je leur laisse la somme de deux mille quatre cents livres une fois payée, pour la placer le plus avantageusement et le plus solidement que faire se pourra ; les priant de vouloir bien, à la pluralité des suffrages, décerner, tous les ans, le revenu qui proviendra de ce capital, à tel homme de lettres, ayant déjà fait ses preuves, ou donnant seulement des espérances, qu'ils jugeront à propos; pouvant le décerner plusieurs années de suite, selon qu'ils le trouveront bon et honnête à faire... » Le plus connu des littérateurs qui ait obtenu le prix Valbelle, qu'on appelait le prix d'encouragement pour les lettres, est le poëte Roucher. Citons aussi, en 1784, M. de Chabrit, conseiller au Conseil souverain de Bouillon, et avocat au Parlement de Paris, pour son livre *De la monarchie française et de ses lois.*

En 1781, un anonyme donna une somme de mille deux cents livres pour le *meilleur catéchisme de morale :* ce prix fut remis de deux ans en deux ans, faute d'ouvrages suffisants jusqu'en 1788, et nous ne sachions pas qu'il ait été décerné.

En 1782, furent fondés par un anonyme, deux prix annuels destinés à l'auteur d'une bonne action et à l'ouvrage le plus utile aux mœurs. Les deux premiers lauréats littéraires furent, en 1783, Mme d'Epinay pour ses *Conversations d'Émilie,* et, en 1784, Berquin, pour l'*Ami des enfants.* Le prix fut décerné annuellement jusqu'en 1790. — Le comte Daru, dans son rapport du 21 août 1819 sur la fondation Montyon, supposait que le fondateur anonyme de 1782 n'était autre que le même M. de Montyon. Le testament du fondateur, mort en 1821, vint, en effet, confirmer ces prévisions.

Nous devons ajouter qu'en 1786, un second prix de vertu fut ajouté par la *Société du salon* à celui du bienfaisant anonyme.

En 1785, le comte d'Artois fit mettre au concours un prix pour l'éloge en vers du prince de Brunswick, qui s'était noyé dans l'Oder en allant sauver deux paysans entraînés par les eaux : le concours, d'abord infructueux, fut jugé en 1787.

En 1788, on annonça la fondation Raynal, à perpétuité, pour le meilleur ouvrage de littérature sur un sujet déterminé. On proposa une étude sur Louis XI, qui ne trouva pas de concurrents.

Les derniers prix furent décernés en 1790, et la Révolution balaya toutes ces fondations.

Il est bon de noter que pendant le cours de cette première période, lorsque les concurrents se trouvèrent dignes *ex æquo* de remporter les prix, il se trouva souvent des âmes généreuses pour doubler la somme annuelle, afin que le prix dédoublé ne fût pas trop exigu. Nous citerons en particulier, parmi ces bienfaiteurs de l'Académie, le comte de Penthièvre, la reine Marie-Antoinette et M. de Montyon, qui, une année que quatre concurrents s'étaient trouvés *ex æquo,* envoya, dans trois lettres différentes anonymes, trois prix égaux à celui qui devait être décerné. *(Éloge de Mon-*

lyon par l'académicien Lacretelle . — En 1765, le contrôleur général de Laverdy avait envoyé six cents livres pour le même objet, et, en 1788, d'Alembert envoya six cents livres pour porter à mille deux cents livres la valeur du prix pour l'éloge de Voltaire.

Tous les journaux littéraires du temps donnent d'intéressants détails sur les concours académiques. Nous allons énumérer quelques-uns de leurs principaux articles auxquels il conviendrait de joindre une foule de renseignements contenus dans les mémoires et correspondances historiques, en particulier, dans celle de Voltaire.

89. — *La Gazette de France.* — Le plus ancien de tous les journaux français, fondé en 1632 par Renaudot, donne quelques renseignements officiels que l'on trouvera toujours consignés à la date du 25 août, jour de la Saint-Louis, qui avait été désigné pour la distribution solennelle des récompenses.

90. — *Journal des Savants* et *Mercure.* — Ces deux revues littéraires, les plus anciennes de France, puisque la première remonte à l'année 1665 et la seconde à l'année 1672, sont très-pauvres en documents sur les prix et les concours. De l'origine à 1792, — le *Journal des Savants* se borne à indiquer le concours de 1706. — Le *Mercure galant* (1672-1716) consacre tous les ans, dans ses *Nouvelles littéraires* d'août et de septembre, quelques lignes à la séance de l'Académie du 25 août, jour de la Saint-Louis, désigné pour la distribution des prix. — Le *Mercure* (1717-1723) rejette ces renseignements succincts à sa rubrique *Journal de Paris* pour le mois d'août ou de septembre. — Enfin, le *Mercure de France* (1723-1791) les reporte en septembre ou en octobre aux nouvelles de la cour et de Paris. — Depuis 1755 seulement, un article spécial de deux ou trois pages est consacré à « la séance publique de l'Académie françoise, pour la distribution des prix, » au mois de septembre ou d'octobre de chaque année : mais cela est très-sec, sans incidents, ni réflexions, véritable style officiel. — En-dehors de ces renseignements périodiques, nous remarquons un article sur le concours de 1749 : octobre 1749 (203-208) ; un autre sur l'éloge de Duguay-Trouin, par Thomas, en 1761 : octobre 1761 (71-86) ; et, le 11 mai 1782, « une pièce de vers à l'Académie françoise, qui vient d'établir un prix annuel pour une action vertueuse dont l'auteur sera pris dans la classe de la bourgeoisie, » par M. Imbert (p.49-53) .

N. B. — Il ne faut pas confondre le *Mercure galant*, plus tard *Mercure de France*, avec une gazette de Hollande, publiée à la Haye, sous le nom de *Mercure historique et politique*, depuis 1686, et qui donnait aussi tous les ans, au mois de septembre, dans ses nouvelles de France, un compte rendu de la séance de la Saint-Louis, en quelques lignes.

91. — *Nouvelles de la république des lettres*. — Cette revue, fondée par Bayle en 1684, puis continuée à partir de 1687 avec des interruptions, par Laroque, Bernard et Le Clerc jusqu'en 1718, n'offre, malgré son grand intérêt littéraire, que très-peu de renseignements sur les prix et les concours académiques. Nous n'y signalerons qu'un article de janvier 1688 (p. 48, 49), sur le recueil de plusieurs pièces d'éloquence présentées à l'Académie française, pour les prix de 1687.

92. — *Histoire des ouvrages des savants*. — Cette publication, qui a paru de 1687 à 1709, et qui est la véritable continuation des *Nouvelles* de Bayle en 1687 par Basnage, n'offre aucun intérêt pour ce qui concerne ce chapitre : nous verrons bientôt qu'elle contient, au contraire, des études importantes sur les harangues des académiciens.

93. — *Bibliothèque universelle, bibliothèque choisie et bibliothèque ancienne et moderne*. — Ces trois revues littéraires, qui se font suite l'une à l'autre et qui ont été publiées de 1686 à 1727 par Leclerc, sont aussi très-pauvres en renseignements sur les prix. Nous signalerons seulement, dans la *Bibliothèque universelle*, un article sur le recueil des pièces d'éloquence et de poésie (t. XXV, p. 384, etc.).

94. — *Mémoires pour servir à l'histoire des sciences et des arts*. — Excellente revue, plus connue sous le nom de *Journal de Trévoux*, et dirigée par les jésuites de 1701 à 1767. Les premières années seulement donnent régulièrement un compte rendu des concours et des prix, d'après le volume publié tous les ans par Coignard, et comprenant aussi les discours de réception. Le titre de l'article porte toujours : « Recueil de plusieurs pièces d'éloquence et de poésie présentées à l'Académie françoise pour les prix de l'année,... etc. » On trouve celui de 1701 en janvier 1702 (20-34); celui de 1703 en mars 1704 (388-392); celui de 1704, en janvier 1706 (1-20); celui de 1705, en février 1706 (259-272); celui de 1707, en avril 1708 (683-690); celui de 1709, en juin 1710 (1007-1012); celui de 1711, en mars 1712 (324-342); celui de 1713, en janvier 1715 (78-87); celui de 1714, en janvier 1715, (87-101); celui de 1716, en janvier 1717 (165-175), et nous y remarquons cette particularité que le lauréat Colin, ayant déjà été couronné trois fois, on l'a prié de ne plus se représenter pour ne pas décourager les concurrents; ceux de 1720 et 1721, en mai 1722 (814-833). — A partir de ce moment, il n'y a plus de comptes rendus.

Après la suppression des jésuites, le journal de Trévoux fut continué à Paris, sous le titre de *Journal des sciences et des beaux-arts,* par l'abbé Aubert et les frères Castilhon (1768-1778), puis sous le nom de *Journal de littérature des sciences et des arts,* par l'abbé Grosier (1779-1782). Il y avait, dans cette dernière revue, qui paraissait trois fois par mois, une rubrique intitulée : *Correspondance académique*, et qui donnait des renseignements concernant toutes les académies de France et de l'étranger : mais l'Académie française y est sacrifiée à ses voisines. Nous remarquons, en 1780, un article sur l'éloge de Suger, par l'abbé d'Espagnac, I (73-95); en 1781, une note sur le legs Valbelle, I, 386 ; et, en 1782, plusieurs pages sur la fondation anonyme de M. de Montyon, II (135-140) : la lettre du fondateur y est rapportée *in extenso*.

95. — *Observations sur les écrits modernes*. — Revue fondée en 1735, par l'abbé Desfontaines et qui succéda au *Nouvelliste du Parnasse*, dont nous parlerons au paragraphe suivant. Elle se maintint jusqu'en 1743. Nous y remarquons les articles dont voici la nomenclature :

a) Ode de l'abbé Clément sur le *Progrès de la musique* sous le règne de Louis le Grand, qui a remporté le prix de l'Académie (1735), II (259-262).

b) Discours de l'abbé Marquer, sur l'*Esprit de société*, etc. (1735), III, 40 et (69-72).

c) Ode du P. Renault, de l'Oratoire, qui a remporté le prix de l'Académie (1737), X, 240. On y signale une critique, qui parut de cette ode, sous le titre de *Commentaire amphibologique*, etc... Le dict. de Barbier ne l'indique pas.

d) *Discours sur la douceur*, qui a remporté le prix de l'Académie française, par M. Nicolas. — Discours sur le même sujet par M. Simon, imprimeur de Paris, etc. (1730), XX (92, 93).

e) Poëme qui a remporté le prix de l'Académie en 1741, par M. Linant, XXV (284-280). — Nous remarquerons que ce poëme sur l'*Accroissement de la bibliothèque du roi*, sous Louis XIV, a été publié dans les *Amusements du cœur et de l'esprit*, pour 1741, t. XII.

f) Pièces de l'Académie française, recueil pour l'année 1741, XXVII (193-205).

g) Discours qui a remporté le prix de l'Académie en 1741, par M. de Mondion de Montmirel, avocat au parlement de Paris. — Second discours sur le même sujet, par M. Nicolas, etc... XXVII (265-285).

96. — *Jugements sur quelques ouvrages nouveaux*. — Revue qui fait suite à la précédente, et qui a été publiée par Desfontaines, Granet, Fréron, etc., en 1744 et 1745. Nous y signalerons les articles suivants :

a) *Poëme sur la comédie*, qui a remporté le prix de l'Académie par M. Linant (1744), IV (140-144). — Nous remarquerons que le poëme de Linant a été publié dans les *Amusements du cœur et de l'esprit*, t. XV, avec un remercîment de l'auteur, en prose et vers, à Messieurs de l'Académie française. Le recueil de l'Académie contient, de plus, une réponse de Fontenelle à ce remercîment.

b) Discours qui a remporté le prix d'éloquence à l'Académie française (c'est-à-dire à son jugement), en l'année 1745, par M. Doillot, étudiant en droit *(La Sagesse de Dieu dans la distribution inégale des richesses)*, IX (327-335).

c) Discours, etc.., de M. de Casteldom, X (20-33).

d) Note sur le concours infructueux de poésie, X (33-38).

e) Discours,... de M. Dòileau (1745), XI (3-7).

97. — *Les cinq années littéraires*, recueil de lettres critiques publiées de 1748 à 1752, par Pierre Clément. — Nous y signalerons les articles sur les prix de poésie remportés par le chevalier Laurès en 1749 (lettre 39), en 1750 (lettre 60) et en 1751 (lettre 84), et sur les sujets des prix proposés en 1752 (lettre 110).

98. — *Lettres sur quelques écrits de ce temps*. Premier recueil critique de Fréron, de 1749 à 1754. — Nous n'y trouvons, au sujet des concours académiques, qu'un article sur le concours de poésie de 1749 (odes du chevalier Laurès et de Lebrun), I (305-313).

99. — *L'Année littéraire*. — Cette revue, suite de la précédente, dirigée, depuis 1754 jusqu'en 1775, par Fréron, et, depuis sa mort jusqu'en 1790, par son fils et par l'abbé Royou, est l'une des plus importantes revues littéraires du siècle dernier et la plus riche en études critiques sur les concours académiques. Nous ne pouvons tout citer, mais voici quelques-uns des articles principaux :

a) Discours qui a remporté le prix d'éloquence à l'Académie française en l'année présente 1755. *En quoi consiste l'esprit philosophique*, par le P. Guénard, jésuite de Pont-à-Mousson, 1755, VI (88-99). On sait que la tomaison de *L'Année littéraire* comprend huit volumes par an.

b) Poëme qui a remporté le prix de l'Académie française en 1757, par Lemière, suivi de l'*Achèvement du Louvre, la conquête de Minorque, la Mort de l'amiral Bing*, poëmes qui ont coucouru, 1757, VI (171-185).

c) Pièces qui ont remporté le prix de l'Académie française en 1758, celui du discours, par M. Soret, avocat, celui de poésie, par M. de la Visclède, 1758, VII (195-207).

d) *Éloge de Maurice, comte de Saxe*. — Discours qui a remporté le prix de l'Académie française, par M. Thomas, professeur au collége de Beauvais. — Suivi de l'éloge du comte de Saxe par Maillet du Clairon ; — de la mort du maréchal de Saxe, poëme par Arnauld, nouvelle édition à l'occasion du concours de l'Académie ; — de César au Sénat romain avant de passer le Rubicon, poëme présenté à Messieurs de l'Académie française par M. de Ximenès, etc., le tout suivi du programme des prix pour 1760 et de réflexions intéressantes, en particulier sur ce qu'aucune pièce de poésie n'a été jugée digne du prix en 1759. — 1759, V (242-275).

e) Séance publique de l'Académie française pour la distribution des prix, le jour de la Saint-Louis, 25 août 1760, article comprenant le compte rendu de l'éloge de d'Aguesseau, par Thomas, et suivi d'une « *Lettre à M. Fréron* sur la sortie que M. d'Alembert a faite, le jour de Saint-Louis, à l'Académie française, contre la poésie et contre les poëtes. » 1760, VI (145-166). — *Seconde lettre* sur la sortie de M. d'Alembert contre les poëtes, *ibid.* (273-283).

f) Les Charmes de l'étude. — Épître aux poëtes. Ouvrage qui a remporté le prix de poésie de l'Académie française en 1760 (par Marmontel). — 1761, I (217-230). — *Epître au peuple,* accessit du prix de poésie, par M. Thomas; *Epître sur l'utilité de la retraite* pour les gens de lettres, par Delille, etc.., *idid.* (345-352).

g) Éloge de René Duguay-Trouin, lieutenant général des armées navales, discours qui a remporté le prix de l'Académie française en 1761, par M. Thomas, professeur en l'Université de Paris, au collége de Beauvais. — 1761, VI (217-246).

h) Séance publique de l'Académie française, pour la distribution des prix de 1762 : *Ode sur le temps,* par Thomas, etc. — 1762, V (279-288). — Odes qui ont concouru pour le prix de poésie en 1762, *idid.,* VI (182-192).

i) Éloge historique de Maximilien de Béthune, duc de Sully, etc. — Discours qui a remporté le prix de l'Académie française en 1763, par M. Thomas, 1763, V (217-246). — Vers sur le discours de M. Thomas, par M. le marquis de V***, *ibid.* (288). — Lettre à M. Fréron, où l'on prouve que M. Thomas a tiré la meilleure partie de son éloge de Sully d'un ouvrage de M. de Forbonnais, 1763, VII (3-20). — Lettre à M. Fréron, auteur de l'*Année littéraire,* en réponse à celle qui est adressée à M. de Laplace sur l'éloge de Sully, par M. Thomas, 1764, I (229-236).

Il y a aussi des articles sur l'éloge de Sully, composé pour le concours académique par Mlle de Mascarany, 1763, V (126-140); sur celui de Mlle Mazarelli, 1763, VIII (57-72); sur celui de M. Rich. de Bury, 1764, II (347-351), etc.

j) Épître d'un père à son fils sur la naissance d'un petit-fils, qui a remporté le prix de l'Académie française en 1764, par M. de Chamfort; — suivi d'un article sur l'*Epître à un commerçant,* qui a concouru pour le prix (par le Prieur, avocat au Parlement). Le critique place cette épître au-dessus de la première. 1764, VI (313-338). — *Sur le sort de la société en ce siècle philosophe,* poëme qui a concouru en 1764, par M. Chabanon; — *La Nécessité d'aimer,* poëme qui a concouru, par N*..., 1764, VII (53-68). — *Epître à Quintus* sur l'insensibilité des stoïciens, poëme qui a concouru, par Desfontaines; — *Aux grands et aux riches,* épître qui a concouru, etc., et qui a été lue le jour de Saint-Louis, à la séance publique de l'Académie d'Amiens, par M. Vallier, colonel d'infanterie.... *Ibid.* (120-129).

k) Lettre de M. de *** docteur de Sorbonne, sur la pièce qui a remporté le prix à l'Académie française en 1764, brochure de 27 pages, 1764, VIII (187-192). — La brochure est datée de Paris, 1765 ; mais l'article critique a pu paraître en décembre 1764. L'auteur de la brochure était l'abbé Louis Guidi, qui avait cru reconnaître dans la pièce couronnée « les principes du *Génevois*, que vous avez proscrit, de l'*Esprit des Loix*, que vous avez censuré, et du *Livre de l'Esprit*, que vous avez justement flétri. Ce système d'éducation ne serait-il pas un avorton de ce colosse encyclopédique qui, sous les titres pompeux de sagesse, de vertu et d'humanité dont il se décore, cache un complot secret contre la religion?... » Chamfort obtint, en 1769, le prix d'éloquence pour son éloge de Molière ; nous dirons plus tard, en parlant de sa diatribe sur les *académies*, quelle reconnaissance cet académicien garda envers la compagnie qui avait fondé sa réputation.

l) Éloge de René Descartes, discours qui a remporté le prix de l'Académie française, en 1765, par M. Thomas. 1766, I (10-45). — *Id.*, par M. Gaillard, de l'Académie des inscriptions et belles-lettres (le prix fut *ex æquo*), suivi d'un article sur un autre éloge présenté par Fabre de Charrin. 1766, III (145-160). Il y eut encore un éloge de Descartes, par M\ⁱⁱᵉ Mazarelli. L'accessit fut accordé à Couanier-Deslandes.

m) Éloge de Charles V, dit le Sage, discours qui a remporté le prix de l'Académie française, par M. de La Harpe, 1767, VII (51-61). — Ce concours fut un des plus brillants du siècle. On trouve, dans l'*Année littéraire*, des comptes rendus de l'Éloge anonyme de Guiton de Morveau, *ibid.* (61-66) ; de celui de Sautreau de Marsy, 1767, VIII (193-201) ; de celui de Brizard, 1768, IV (235-240) ; de celui de M. de Villette (non présenté), 1769, VIII (321-332) ; et l'on connaît encore les Éloges de Charles V, composés à cette occasion par Gaillard (Vᵉ Regard, 1767, in-8) ; par L. S. Mercier (Amst., 1767 et s. l. n. d. (1768), in-8 ; par Bailly, s. l. (1770), in-8, etc.

n) Discours sur l'utilité des écoles gratuites de dessin en faveur des métiers, qui a remporté le prix, au jugement de l'Académie française, par M. Descamps, peintre du roi, 1767, IV (14-22). — Il s'agissait d'un concours spécial pour lequel un anonyme avait envoyé une médaille d'or au mois de novembre 1766.

o) Lettre d'un fils parvenu, à son père laboureur, qui a remporté le prix de poésie de l'Académie française, en 1768, par M. l'abbé de Langeac, 1768, VI (27-33).

p) Éloge de Molière, discours qui a remporté le prix de l'Académie française, en 1769, par M. de Chamfort, 1769, VII (28-55). Fréron a aussi rendu compte de l'Éloge de Molière, par M. D*** (Daillant de la Touche), 1770, VIII (270-279). On a encore un éloge de Molière, par Bailly, à la même date.

q) Pour ne pas surcharger cette notice, nous nous bornerons à indiquer qu'on trouvera l'*Année littéraire* aussi riche en détails sur les Éloges de Fénelon, en 1771 ; de Colbert, en 1773 ; de Catinat, en 1775 ; du chancelier de l'Hospital, en 1777 ; de Suger et de Voltaire, en 1779 ; de Montausier, en 1781 ; de Fontenelle, en 1783 et 1784 ; de Louis XII, en 1785, 1786 et 1788 ; sur les Éloges de Vauban, de d'Alembert, de Rousseau et de Franklin, qui furent prorogés jusqu'à la suppression de l'Académie, et sur tous les concours de poésie proposés dans les intervalles. Nous citerons, comme particulièrement intéressants l'article sur le concours de poésie, en 1786 : 1786, IV (142-148), et celui qui rend compte de l'éloge de Louis XII, par Florian, 1786, II (296-331).

100. — *Correspondance littéraire, philosophique et critique* de Grimm et Diderot. — Cette correspondance, qui s'étend de 1753 à 1790, est très-riche en documents sur les concours et les prix académiques, surtout pendant les dernières années. Nous citerons en particulier, d'après l'édition Taschereau, en 16 vol. in-8, les articles suivants :

Éloges de Sully, en 1763 : III (344-346). — Prix de poésie de 1764 : IV (65-68). — Éloges de Descartes en 1765, IV, 348 et (356-362). — Éloges de Charles V, en 1765, et prix de poésie de cette année : V (145-148). — Séance pour la distribution des prix de 1773 (éloge de Colbert, par Necker) : VI (381-394). — Séance de l'Académie et prix de poésie en 1776 : IX, (163-178). — Séance de l'Académie et prix de poésie, de 1778 : X (97-99). — Éloge de Suger, par Garat, et dithyrambe sur Voltaire, par La Harpe, en 1779 : X (204-208) ; article riche en curieux incidents. — Fondation anonyme Monthyon, en 1782 : XI (115-119) ; documents originaux fort précieux. — Prix de poésie de 1782 : Voltaire et le serf du mont Jura, par Florian : XI (220-222). — Séance de l'Académie pour les concours de 1783 : premiers prix Montyon ; éloge de Fontenelle reculé, etc... : XI (429-432). — Séance de 1785 : Éloge de Louis XII remis à 1786, etc. : XII (410-414). — Séance de 1786 : nombreuses fondations nouvelles ; tous les concours reportés, ceux de poésie (le prix ordinaire et la fondation d'Artois pour l'éloge du duc de Brunswick [1]) et l'éloge de d'Alembert, en 1787 ; les éloges de Louis XII et de Vauban, en 1788, etc. : XIII (179-182). — Séance de 1787 : prix de poésie pour l'Éloge du duc de Brunswick, seul accordé à l'ode de M. Terrasse, tous les autres concours reportés à 1788 et 1789 [2], etc. : XIII (443-447). — Séance de 1788. Éloge de Louis XII, par l'abbé Noël : tous les autres concours reportés ; fondation Raynal, etc. : XIV (133-140). — Séance de 1790. Éloge de Vauban, par l'abbé Noël, etc. : XV (150-154).

---

1. Il y avait eu cependant 108 pièces présentées : 40 pour le concours ordinaire et 68 pour l'Éloge du duc de Brunswick.

2. Le directeur Marmontel se plaignit beaucoup de ce que, depuis quatre ans que l'Éloge de d'Alembert était proposé, aucun concurrent ne se fût encore présenté.

101. — *Le Journal encyclopédique*, un des recueils périodiques les plus importants du siècle dernier, publié à Liége, puis à Bouillon, de 1756 à 1773, par Pierre Rousseau, Brest, Chamfort, etc..., n'est pas aussi riche qu'on pourrait le croire en renseignements sur les prix. On trouve aux nouvelles littéraires de chaque livraison de la première quinzaine de septembre (il y en avait deux par mois), un compte rendu sommaire de la séance du 25 août et, de temps en temps, on publie quelques-unes des pièces couronnées, comme « la lettre d'un fils parvenu à son père laboureur, » en septembre 1768. Nous remarquons, à ce propos, cette déclaration dans le journal : « Nous ne hasarderons aucun jugement sur cet ouvrage, faible ou digne des suffrages qui l'ont couronné. Notre respect pour les décisions de l'Académie nous *interdit également l'éloge et la critique...* » L'année 1768 est la plus abondante en documents. Il y a encore, en septembre, *l'Epître aux Pauvres*, de Fontaine ; et surtout, en octobre, *l'Epître philosophique* de Mercier et les analyses de *la Nécessité d'être utile*, poème, et de *l'Epître d'un père pour servir de consentement de mariage à son fils;* puis, en décembre, le *Discours d'un nègre à un Européen*, par M. D. D. — En général, les réflexions ne sont pas très-flatteuses. — Citons encore en février 1769 : *le Jardinier et son maître*, fable, par M. D. L. C. D. à M. Thomas, sur l'éloge de Sully, et principalement le compte rendu de *l'Éloge de Molière*, par Chamfort, en octobre, etc., etc.

102. — *Mémoires secrets pour servir à l'histoire de la république des lettres en France, depuis 1762 jusqu'à nos jours.* — Chronique rédigée, de 1762 à 1787, par Bachaumont, Pidansat de Mairobert, etc., et qui contient une foule de détails intéressants sur les concours académiques. Pour les trouver, il suffit d'ouvrir les Mémoires, chaque année, aux environs du 25 août, jour de la Saint-Louis, fixé pour la distribution annuelle des prix. Nous nous bornerons à indiquer les chroniques les plus saillantes, en suivant les indications de notre exemplaire de l'édition de Londres, chez John Adamson, 1787, 36 vol. in-18.

A. — Prix de poésie de 1762, aux 25 et 26 août : I (129, 130).

B. — L'Éloge de Sully et Thomas, en 1763, aux 25, 30 août et 2 septembre : I (297, 300 et 301, 320, 324 et 336).

C. — Prix de poésie de 1764, au 25 août : II (91, 92) ; et lettre à M. de ** docteur de Sorbonne, sur la pièce, etc..., au 31 décembre : II (144).

D. — L'Éloge de Descartes, en 1765. — Curieux détails sur la division du prix entre Thomas et Gaillard, et sur la proposition du contrôleur général de Laverdy de le doubler, aux 27 juillet, 3, 25 et 29 août : II (229, 234, 235, 238, 247, 250).

E. — Sur l'intention de l'Académie de ne plus donner, pour sujet des concours d'éloquence, que « l'éloge d'un de nos grands hommes ; » au 10 juillet 1766 : III (56). — Prix fondé par un particulier d'Amsterdam, III, (24).

F. — Prix de poésie de 1766, au 25 août : III (77). — Prix spécial pour le concours sur l'*Utilité des écoles gratuites*, III (112, 185), etc.

G. — Éloge de Charles V, en 1767, aux 28 juillet, 25 août, etc. : III (144,230, 240, 241, 263, 265).

H. — Prix de poésie de 1768, aux 5 juillet, 17 août (délibération importante), 19, 21, 25 et 26 août, 4 et 27 septembre : IV (63, 95, 98, 99-104, 111 et 123) XVIII (383) et XIX (17, 18).

I. — Éloge de Molière, en 1769, aux 31 juillet et 25 août : IV (315, 333-337).

K. — Concours de poésie de 1770, sans résultat, ce qui est attribué, malgré 50 pièces présentées, à ce que le sujet n'avait pas été laissé libre comme les années précédentes, aux 16 et 26 août : V (177 et 181-183), et XIX (247).

M. — Éloge de Fénelon, en 1771, et prix de poésie reporté de l'année précédente. La Harpe est à la fois lauréat pour l'éloquence et la poésie, ce qui ne s'était jamais vu,... aux 9 et 26 août ; et censure de l'éloge, aux 1er et 19 octobre : V (332, 333, 344-346) et VI (3, 4, 12 et 13).

N. — Concours de poésie de 1772, sans résultat, au 10 août : VI, (197).

O. — Éloge de Colbert, en 1773, et prix de poésie reporté de l'année précédente, aux 6, 21 et 30 août : VII (48) et XXIV (324 et 329).

P. — Concours de poésie de 1774, sans résultat, au 18 août : VII (228).

Q. — Éloge de Catinat, en 1775, et prix de poésie reporté de l'année précédente : (La Harpe est encore lauréat pour les deux concours) aux 26 et 27 août : XXXI (322-330).

R. — Concours de poésie de 1776 (une traduction d'Homère), aux 19 juillet et 24 août : IX (235 et 269). — Sur la comédie satirique du *bureau d'esprit, ibid.* 367, 406.

S. — Éloge du chancelier de l'Hospital, en 1777, aux 27 et 28 août, 15, 26 et 28 septembre : X (275, 276, 293, 294, 302-304 et 306) ; projets de censure. Voir encore *ibid.*, p. 262, 315, 362-365, 368-370, 373 et 379.

T. — Séance des prix de 1778. On propose, pour 1779, un Éloge en vers de Voltaire; aux 25 et 28 août, et 26 septembre : XII (97-100, 105 et 130).

U. — Éloge de Suger (prose) et de Voltaire (vers), en 1779, aux 5, 26 et 29 août : XIV (160, 187-190) ; et consulter *ibid.*, 127, 135, 164, 234, etc.

V. — Fondation Valbelle, en 1779 : Legs de 24,000 francs pour encouragement annuel à un homme de lettres : XIV (186), XV (57), XVII (86), XX (130), XXII (72), XXV (199), etc.

X. — Concours de poésie de 1780, sans résultat, au 25 août : XV (301).

Y. — Fondations Montyon, XVII (322-325, 326-328), et XXI (228, 240-244 294), etc.

Z. — Éloge de Montauzier, en 1781, et concours de poésie encore infructueux, au 27 août : XVIII (6-9).

a. — Relation de la séance tenue aujourd'hui, 25 août 1782, à l'Académie française pour la distribution du prix de poésie (Florian couronné) : XXI (87-93, 103, 201 et 213).

b. — Séance du 25 août 1783. Éloge de Fontenelle prorogé et prix Montyon décerné pour la première fois : XXIII (96, 137-145 et 158).

c. — Relation de la séance du 25 août 1784, pour la distribution des prix : Éloge de Fontenelle, par Garat, et poésie, par Florian : XXVI (191-197 et 222).

d. — Relation de la séance publique de l'Académie française tenue aujourd'hui, 25 août 1785, pour la distribution des prix. Éloge de Louis XII prorogé : XXIX (225-231). Curieux incidents de séance.

e. — Concours de 1786 : décisions au 5 août : XXXII (244, 245). Relation de la séance du 25 août, *ibid.* (297-302). Tous les concours prorogés, sauf le prix d'encouragement Valbelle, décerné au poëte Roucher.

f. — Relation de la séance du 25 août 1787. Tous les concours ordinaires : Éloges de Louis XII, de Vauban, de d'Alembert, etc., prorogés. Très-intéressante séance : XXXV (442-447).

103. — *Almanach des muses.* — Recueil de vers qui parut régulièrement tous les ans depuis 1765 jusqu'en 1816.— Nous le citons ici, parce qu'il donna plusieurs des pièces de poésie couronnées par l'Académie, avec des notes critiques, et qu'à la fin de chaque volume, dans la notice des ouvrages de poésie qui ont paru l'année précédente, il y a, sous la rubrique : *Pièces présentées pour le prix de l'Académie française,* une bibliographie complète de toutes les poésies imprimées ayant concouru, avec des notes critiques au sujet de celles qui n'ont pas été insérées dans la publication.

Dans le volume de 1765, on trouve l'épître d'un père à son fils sur la naissance d'un petit-fils, par Chamfort (61-69) ; et celle à un commerçant qu'on suppose vouloir acheter des lettres de noblesse (97-104).Les notes critiques sont fort nombreuses.La bibliographie se compose de 6 pièces (152-153).

Dans le volume de 1767, la bibliographie se compose de 10 pièces (143-145).

En 1769, la bibliographie critique a 'dix pièces (167-169). — En 1772, elle a 7 pièces (184-186) ; — en 1774, 8 pièces ; notes critiques très-dures, en particulier sur La Harpe, dont on ne se dissimule pas qu'on subira le ressentiment dans le *Mercure* (212-215) ; — en 1775, 8 pièces : notes critiques plus étendues que dans les almanachs précédents (294-297) ; etc., etc...

104. — Dans l'*Almanach littéraire ou Étrennes d'Apollon,* intéressante petite revue anecdotique, littéraire et poétique, qui parut tous les ans à partir de 1784, nous remarquons, en 1784 (p. 66-70), une pièce de vers intitulée : « Conseils à un jeune poëte qui veut concourir pour le prix de l'Académie, » par M. de Maisonneuve. Les autres volumes n'apprennent rien de particulier.

105. — *L'Esprit des Journaux,* qui parut à partir de 1778, et qui publia

les principaux articles littéraires des autres journaux avec quelques articles inédits, contient tous les ans au mois d'octobre, un compte rendu de la séance des prix, composé à l'aide du *Mercure,* du *Journal de Paris,* etc...' et les extraits du *Journal de Paris* sur les pièces couronnées.

Enfin nous pourrions encore citer des renseignements à prendre dans le *Trésor du Parnasse,* dans le *Journal de Paris,* dans la *Gazette littéraire,* et dans une foule d'autres journaux ou revues de l'époque : mais ils n'ajouteraient pas grands détails à ceux qui précèdent. Parmi les mémoires du temps, il faut citer, outre la correspondance de Voltaire, très-riche en détails sur les concours, celle de Mme du Deffand III, 1, 323, 350, etc. (édition de Lescure) ; et surtout les *Lettres de Mademoiselle de Lespinasse,* en particulier sur le concours de 1775, p. 90, 174, 196, 205, 213, 214, 218, 228, 230, 238 (édition Asse), sur l'éloge de Colbert, p. 38, et sur celui de Lafontaine, p. 102, 141, 149, 216, etc.

On connaît maintenant très-suffisamment la richesse de ces sources, et nous allons donner la liste des publications spéciales sur les concours et sur les prix.

106. — *Écrit publié de l'ordre de l'Académie françoise,* pour l'établissement de deux prix, l'un de Prose, l'autre de Poésie. — Paris, Pierre Le Petit, 1671, in-4, 4 p.

C'est une pièce aujourd'hui très-rare, qui fut répandue par toute la France et que nous sommes surpris de ne pas rencontrer dans le curieux appendice que M. Livet a donné à la suite de son édition de l'*Histoire* de Pellisson et d'Olivet ; mais elle a été reproduite par MM. Biré et Grimaud dans leur introduction aux *Poëtes lauréats.*

On y voit que l'Académie, « ayant fait profiter le fonds qui luy a esté laissé, le prix de prose qui ne devoit estre que de deux cens livres sera les premières fois et les suivantes, autant que faire se pourra, de trois cens livres, qu'on employera, selon l'intention de M. de Balzac, à un crucifix, un Saint-Louis, ou quelque autre ouvrage de dévotion... — Les discours ne seront tout au plus que de demy-heure de lecture et finiront toujours par une courte prière à Jésus-Christ.... — On n'en recevra aucun qui n'ait une approbation signée de deux docteurs de la faculté de théologie de Paris et y résidant actuellement. » Quant au prix de poésie fondé par trois académiciens anonymes, on n'exigeait pas l'approbation des docteurs, et l'on stipulait que « les trois cens livres seroient employées à un lys d'or au pied duquel sera la devise de l'Académie, qui sont des lauriers entrelassez, avec ce mot *A l'immortalité.* »

L'année suivante (1672), on compléta le règlement, en ajoutant qu'à l'avenir « chaque pièce devroit être terminée par une courte prière à Dieu pour le roi, séparée du corps de l'ouvrage et de telle mesure qu'on voudroit. »

Les prix furent plus tard convertis en une médaille d'or portant, d'un côté,

la figure du roi et, sur le revers, une couronne de lauriers, avec ces mots
« *A l'immortalité.* »

107. — *Lettre à M. D*** au sujet du prix de poésie donné par l'Académie
française, l'année 1714 (par Voltaire); — insérée dans le volume intitulé :
« Réflexions sur la rhétorique et sur la poétique par M. de Fénelon. » Amst.,
J. Fred. Bernard, 1717, in-12; et dans le « Recueil de divers traités sur l'éloquence et la poésie, » publié par Bruzen de la Martinière. Amst., *ibid.*, 1730,
2 vol. in-12.

L'abbé Desfontaines en a rendu compte dans le *Nouvelliste du Parnasse,*
tome II, vingt-septième lettre.

On a aussi, sur le même sujet, la satire de Voltaire intitulée *Le Bourbier,*
publiée dans les *Nouvelles littéraires* de la Haye, t. I, p. 151, et réimprimée sous
ce titre *Le Parnasse,* à la suite de l'édition de la *Henriade.* Amst., *ibid.*, 1724,
Ce n'est que depuis 1821 qu'elle a été admise dans les œuvres de Voltaire.
— Voir, à ce sujet, une longue note de Barbier dans le *Dictionnaire des
anonymes* et l'*Almanach littéraire,* 1786, p. 43

Cette lettre, qui contient 20 pages, y compris le poëme couronné de
l'abbé du Jarry, qui en a 5, est suivie de l'ode que Voltaire avait envoyée
au concours, et critique particulièrement La Motte, qui avait été un des
juges. On s'amusa beaucoup de ce que du Jarry parlait de *pôles glacés, bru-
lans,* etc. — Dans le recueil de ses poésies, qui parut en 1715, il remplaça
pôles par *climats.*

108. — *Discours sur les prix* que l'Académie française distribue, par Ant.
Houdart de la Motte, de la même Académie. — Publié à la suite des
Réflexions sur la critique, du même auteur. Paris, 1716, in-8.

Ce discours avait été prononcé « le 25 août, fête de saint Louis 1714, après
la lecture des pièces qui ont remporté les prix. » Il a pour but de réchauffer
le zèle des concurrents qui ne se présentaient plus assez nombreux.

109. — Examen du discours qui a remporté le prix de l'Académie française l'an 1760, ou lettres à M. Thomas, professeur au collége de Beauvais,
— s. l. (1760), in-12. — L'auteur, d'après Barbier, est le Père Isidore Mi-
rasson, barnabite. L'éloge était celui de d'Aguesseau.

110. — Lettre à M. de **, docteur de Sorbonne, sur la pièce qui a remporté
le prix à l'Académie française. Paris 1765, in-12. — Voir plus haut le
compte rendu par *l'Année littéraire,* au n° 99.

111. — Extrait de quelques pièces présentées à l'Académie française, etc.
Paris, Regnard, 1767, in-8, 27 p.

112. — Arrêt du conseil du roi contre l'éloge de Fénelon couronné par
l'Académie en 1771. — L'éloge était de la Hapre, et l'arrêt porte obligation
de revenir à l'article du règlement de 1671, qui exigeait l'approbation de
deux docteurs de la faculté de théologie à tous les discours présentés.

113. — *Le dix-huitième siècle,* satire à M. Fréron. Paris, in-8. — *Mon apologie,* satire, 1778, in-8.

Nous réunissons sous le même numéro ces deux satires de Gilbert, qui les composa de dépit d'avoir envoyé sans succès à l'Académie, en 1772 : « le Génie aux prises avec la Fortune ou le poëte malheureux, » (publié en 1772, in-8, avec ce sous-titre : pièce qui a concouru pour le prix de poésie); en 1773, une ode sur le jugement dernier; en 1774, un éloge de Léopold duc de Lorraine, etc...

Ce sont deux diatribes énergiques contre ses rivaux et contre ses juges, en particulier contre ceux du parti des philosophes.

114. — *Éloge du maréchal de Catinat, dédié à lui-même.* — Discours qui n'a point concouru pour le prix de l'Académie française (par Le Suire). Amst., et Paris, Quillau, 1775, in-8.

115. — Éloges et discours philosophiques qui ont concouru pour les prix de l'Académie française et de plusieurs autres (par Louis Séb. Mercier). Amst., Van Harrevelt, 1776, in-8.

116. — Collection de divers éloges publiés à l'occasion du prix proposé par l'Académie française, en 1777, pour le meilleur éloge du chancelier de l'Hospital. — Paris (Hollande) 1778, in-12. — Ce recueil comprend quatre éloges, deux anonymes : de Guibert, plus tard académicien, et de Bruny ancien syndic de la Compagnie des Indes ; et deux nommés : de l'abbé Remy, couronné à Paris et l'abbé Talbert couronné à Toulouse.

117. — Éloges de Voltaire, pièces qui ont concouru pour le prix de l'Académie française, en 1779 (par Em. de Pastoret). — Amst. et Paris, Demonville, 1779, in-8.

118. — *Lettre du chevalier Laurès,* aux Messieurs qui doivent concourir cette année pour le prix de poésie de l'Académie françoise, suivie d'une réponse de Corneille (le chevalier de Cubières). — Paris, Valleyre, 1779, in-8.

— La France littéraire de Quérard donne à tort la date de 1799. — Il n'est pas hors de propos de remarquer que ce pseudonyme pouvait grandement tromper le public, car un véritable chevalier de Laurès, fils du doyen de la Chambre des comptes et de la Cour des aides de Montpellier, avait concouru en 1748, 1750 et 1751.

119. — *Lettre d'un vieillard de Ferney* à l'Académie française. — Éloge de Voltaire ; pièce qui a concouru pour le prix de cette Académie. — Paris, Sorin, 1779, in-8, 15 p.

— La dédicace est signée du chevalier J. Aude. — Le sujet de prix était, en effet, cette année, l'éloge en vers de Voltaire, et d'Alembert avait ajouté 600 francs, à la somme annuelle de 500 francs. — Ce fut La Harpe qui remporta le prix ; mais, comme il était académicien, on le donna au premier accessit. P. N. André de Murville. Nous profitons de cette occasion pour remarquer qu'outre les publications isolées des diverses pièces couronnées par l'Académie, on trouve aussi celles de presque toutes les pièces envoyées aux concours et non couronnées.

120. — *Lettre à MM. de l'Académie française*, sur l'Éloge du maréchal de Vauban, proposé pour sujet d'éloquence de l'année 1787 (par Choderlos de Laclos). — Amst. et Paris, Durand neveu 1786, in-8.

121. — *Lettre à MM. les officiers français,* au sujet de celle écrite par M. de Laclos à MM. de l'Académie française, dans laquelle il les blâme d'avoir proposé l'éloge de Vauban pour sujet de prix d'éloquence de 1787. (Par de Lerse.) — Paris, 1786, in-8.

122. — *Les Concours académiques ou le Triomphe des talens.* — Comédie en cinq actes et en vers, par le chevalier de Cubières. — Imprimée dans son *Théâtre moral,* ou pièces dramatiques nouvelles, précédée d'un essai sur la comédie. Paris, Belin et Duchesne, 1784-1786, 2 vol. in-8.

Cette pièce, dit Cailhava, a été regardée comme l'exemple de l'indécence théâtrale.

123. — *Le Prix académique,* comédie en un acte et en vers, par Parisau, représentée sur le Théâtre-Français, le vendredi 31 août 1787 ; imprimée l'année suivante. — Paris, Brunet, 1788, in-8.

« Voici une bagatelle, disait le *Journal général de la France,* mais charmante, remplie de détails agréables, de traits heureux, et qui paraît bien écrite. — Un autre Francaleu est possédé, comme celui de la *Métromanie,* de la fureur des vers, et il ne veut donner sa fille Agathe qu'à celui qui aura remporté le prix académique. Deux jeunes gens sont amoureux de la demoiselle : mais l'un, qui est l'amant aimé, a peu de talent pour la poésie, et l'autre y réussit. Le premier porte la confiance jusqu'à montrer à celui-ci la pièce qu'il a composée en le priant de la corriger ; le second à la générosité d'envoyer au concours sous le nom de son rival, la pièce dont il est lui-même l'auteur. Celle-ci est couronnée. Le père s'empresse de revenir de la séance où il avait assisté pour annoncer à sa fille son mariage avec l'heureux vainqueur. Il cite quelques vers de la fin de la pièce qui l'ont le plus frappé. Ces vers sont reconnus par l'amant chéri d'Agathe, et il déclare qu'ils sont de son ami. Les jeunes gens se montrent aussi généreux l'un que l'autre : mais enfin le père, instruit de tout et des sentiments de sa fille, consent à son hymen avec celui qu'elle préfère. Cette comédie a eu un succès complet... »

B. — *Nouvelle académie*, de 1803 jusqu'à nos jours.

Depuis l'époque de la restauration de l'Académie française, lors de la fondation de l'Institut, les fondations pour des concours et pour des prix sont devenues très-nombreuses.

Sous le Consulat, la classe de la langue et de la littérature française, que le secrétaire perpétuel, dans ses rapports, appelait toujours l'Académie, afin de montrer que la deuxième classe de l'Institut était bien l'ancienne académie de Richelieu, décernait annuellement et officiellement trois prix, un d'éloquence, un de grammaire et un de poésie. Sous le premier Empire, le prix de grammaire fut supprimé, et le prix d'éloquence a toujours été décerné régulièrement depuis cette époque, concurremment avec le prix de poésie, sauf les années où les pièces envoyées au concours sur les sujets déterminés n'ont pas été jugées suffisantes. Le concours est alors reporté à l'année suivante, sans empêcher celui qui doit avoir lieu régulièrement. La rente en est servie par l'État, qui, sous tous les régimes depuis 1803, a tenu à cœur de conserver cette institution, à proprement parler nationale. Des prix spéciaux, qui correspondent aux anciens prix de grammaire, ont été trois fois proposés extraordinairement, ayant pour sujet l'étude de la langue chez Molière, chez Corneille et chez Mme de Sévigné.

Le premier Empire institua de plus, une série très-complète de prix décennaux qui ne furent proposés qu'une fois, en 1810, et qui périrent avec lui (voir ci-dessous). Puis vinrent :

1° — En 1820 et 1821, les fondations *Montyon* consacrant chaque année une somme de 15,000 francs à distribuer en prix de vertu, et pareille somme à l'ouvrage le plus utile aux mœurs ayant paru dans l'année. Les prix de vertu furent décernés dès l'année 1820 ; mais les seconds ne commencèrent leur série qu'en 1828, pour les « concours des prix extraordinaires destinés à des ouvrages de morale. » Le sujet fut laissé libre pour 1828, et déterminé pour 1829 et 1830 (De la charité, et de l'influence des lois sur les mœurs).— Le concours de 1828, n'ayant pas donné de résultat, fut remis à 1829, et le premier lauréat des prix Montyon, pour la littérature fut Laurent de Jussieu (*OEuvres posthumes de Simon de Nantua*). Le concours fut étendu au pluriel à partir de 1835, et le prix, partagé cette année entre trois ouvrages, l'est maintenant entre dix ou douze. — L'Académie a plusieurs fois proposé, sur cette fondation, un prix spécial pour la meilleure œuvre dramatique. — C'est ainsi qu'ont été couronnées : *Lucrèce*, en 1845, *Gabrielle* et *La Fille d'Eschyle*, en 1850, *OEdipe roi*, en 1862 ;— ou pour des recherches spéciales comme en 1863 : « De la nécessité de concilier, dans l'histoire critique des lettres, le sentiment perfectionné du goût et les principes de la tradition avec les recherches érudites et l'intelligence du génie divers des peuples. »

2° — En 1834, la fondation *Gobert*, instituant une rente annuelle de 10,000 francs, dont les neuf dixièmes sont destinés au meilleur ouvrage sur l'histoire de France, et l'autre dixième à celui qui aura le plus approché du prix. Les ouvrages couronnés conservent les prix annuels jusqu'à la déclaration de meilleurs ouvrages. Les prix Gobert furent décernés pour la première fois en 1840, à MM. Augustin Thierry et Bazin, qui les conservèrent tous les deux régulièrement jusqu'à leur mort. En 1851, M. Henri Martin remplaça M. Bazin ; et, en 1856, il succéda pour le premier prix à M. Augustin Thierry. Depuis lors, les titulaires ont été nombreux.

3° — En 1846, la fondation *Maillé-Latour-Landry*, faite en souvenir de Malfilâtre et de Gilbert, et instituant tous les deux ans une récompense « pour l'artiste ou le jeune écrivain dont le talent mériterait encouragement » : fondation temporaire, rendue perpétuelle par l'État, et qui fut décernée pour la première fois au poëte aveugle Lafon-Labalut.

4° — En 1854, la fondation *Bordin*, consacrant annuellement une somme de 3,000 francs, « à l'encouragement de la haute littérature. » Le prix fut décerné pour la première fois en 1856, à M. Ozanam.

5° — En 1856, la fondation *Lambert*, destinant annuellement 1,600 francs « aux hommes de lettres ou veuves d'hommes de lettres auxquels il serait juste de donner une marque d'intérêt public. » Le prix a été décerné pour la première fois, à M. Leconte de Lisle.

6° — En 1857, la fondation *Ach. Halphen*, attribuant tous les trois ans un prix de 1,500 francs, « à l'ouvrage le plus remarquable au point de vue historique ou littéraire, » décerné pour la première fois en 1861, à M. Émile de Bonnechose.

7° — En 1865, la fondation *Thiers*, « placement libéral, dit le rapport de M. Villemain, du grand prix de 20,000 francs décerné par l'Institut à son *Histoire du Consulat et de l'Émpire*, » attribuant tous les trois ans une somme de 3,000 francs, « à l'encouragement de la littérature et des travaux historiques. » Le prix a été décerné pour la première fois en 1868 à M. Marius Topin.

8° — En 1866, la fondation *Souriau*, instituant, à l'exemple de M. de Montyon, un prix annuel de 1,000 francs, « destiné à récompenser les actes de vertu et de dévouement. »

9° — En 1870, la fondation *Thérouane*, léguant une somme annuelle de 4,000 francs pour l'encouragement des travaux historiques, décernée pour la première fois en 1870, à MM. Topin et de Saint-Genis.

10° — En 1871, la fondation *Langlois*, pour un prix annuel destiné à la meilleure traduction, et décerné pour la première fois en 1871, à M. L. de Sadous.

11° — En 1872, la fondation *Guizot*, consacrant comme la fondation Thiers le grand prix biennal de 20,000 francs, décerné par l'Institut, en 1871, à l'éminent académicien, à l'établissement d'un prix triennal de 3,000 francs, destiné à l'ouvrage le meilleur sur une des grandes époques de notre littérature ou sur la vie et les œuvres de l'un de nos grands écrivains. Il a été décerné pour la première fois, en 1875, à M. Léon Gautier.

12° — En 1873, la fondation *de Jouy*, legs de Mᵐᵉ Bain-Boudonville, fille de cet académicien, attribuant, tous les deux ans une somme de 1,500 francs à récompenser la meilleure étude de mœurs actuelles. Ce prix a été décerné pour la première fois en 1875, à M. Alphonse Daudet.

13° — En 1874, la fondation *Marcelin Guérin*, destinée à récompenser annuellement « les livres et écrits qui se seraient récemment produits en histoire, en éloquence et dans tous les genres, et qui paraîtraient les plus propres à honorer la France, à relever parmi nous les idées, les mœurs et les caractères, et à ramener notre Société aux principes les plus salutaires pour l'avenir. » Ce prix a été décerné pour la première fois, en 1874, à M. Alphonse Dantier.

14° — Enfin on a récemmment annoncé plusieurs legs de 20,000 francs qui n'ont pas encore reçu d'application : en particulier, celui de Mᵐᵉ Jules Janin, au nom de son mari pour un prix triennal de 3,000 francs, destiné à la meilleure traduction.

En-dehors de ces fondations perpétuelles, il y a eu des prix spéciaux décernés dans des circonstances déterminées : tels en 1818 un prix anonyme pour le meilleur poëme sur l'enseignement mutuel. (Le rapport de 1820 dit que cet anonyme est un littérateur distingué, depuis membre de l'Académie; sans doute le marquis de Pastoret.) — En 1819, une médaille d'or de 1,500 francs, donnée par un anonyme pour une pièce de vers sur le Dévouement de Malesherbes. — En 1820, le gouvernement ajouta un prix de vertu à celui de M. de Montyon, parce qu'il y avait deux candidats d'un égal mérite; depuis 1822, les legs du testament Montyon permirent d'augmenter considérablement le nombre des prix. — En 1822, un membre de l'Institut donna deux médailles d'or pour les deux accessits du prix d'éloquence ; — en 1838, le roi doubla le prix d'éloquence ; — en 1858, l'empereur doubla le prix Lambert. — En 1870, Mᵐᵉ veuve Landrieu légua un prix à l'auteur de la meilleure tragédie ou comédie en vers, publiée ou représentée depuis le 14 avril 1868 (lauréat, M. Manuel).

Nous devons ajouter que, tous les ans, les cinq académies se réunissent pour décerner le prix de 1,200 francs, fondé par Volney en 1820, en faveur du meilleur ouvrage de linguistique ; et que, sous le second Empire, un prix biennal de 20,000 francs avait été fondé par l'empereur, pour être décerné tour à tour par chacune des classes de l'Institut. Il l'a été par l'Académie française, en 1865 et 1871, à MM. Thiers et Guizot (voy. ci-dessus).

On voit, d'après ce court exposé, que le service des commissions des prix à l'Académie française n'est pas une sinécure.

On trouve, dans tous les journaux du temps, en particulier dans le *Moniteur universel*, dans le *Journal officiel*, dans le *Journal des Débats*, dans la *Minerve française*, dans le *Journal de Paris*, dans la *Gazette de France* et dans tous ceux qui ont souci des choses littéraires, des détails sur les concours et des articles critiques sur les prix. Beaucoup de ces articles ont paru en volumes, tels que les *Annales littéraires* de Dussault, les *Lundis* de M. Sainte-Beuve, les *Samedis* de M. de Pontmartin, et les recueils divers de MM. Cuvillier-Fleury, Rigault, Paradol, Schérer, de Boissieu, Lemoinne, Ratisbonne, etc... Il en est de même des Revues littéraires, depuis la *Décade philosophique* jusqu'aux innombrables revues de nos jours, parmi lesquelles nous n'aurons garde d'oublier le *Polybiblion* ni la *Revue des questions historiques* qui ne négligent aucun de ces événements dans leur riche chronique. Nous leur joindrons une publication à périodicité annuelle, l'*Année littéraire et dramatique*, de M. Vapereau (Paris, Hachette), qui a paru de 1859 à 1869, et qui forme, par conséquent, onze années en onze volumes. Le dernier chapitre contenait chaque année tous les changements survenus dans l'Académie; et, depuis le tome III (1861), on y trouve une revue spéciale sous la rubrique *Prix et Récompenses académiques*, ou *Concours et Prix académiques*.

Voici maintenant, en-dehors des recueils signalés au § III, la liste des publications spéciales que nous avons pu recueillir sur les prix et les concours depuis la réorganisation de l'Institut, soit en brochures isolées, soit en articles ou chapitres principaux de revues importantes et d'ouvrages critiques. Nous ne donnerons pas ici la bibliographie de toutes les œuvres couronnées : cela nous entraînerait trop en-dehors de notre sujet, et nous l'avons suffisamment indiquée en mentionnant, au § III, le Recueil des rapports annuels des secrétaires perpétuels sur les concours, puisque chacun de ces rapports contient le titre exact des ouvrages couronnés.

124. — *Décrets du 24 fructidor an XII (10 septembre 1804) et du 28 novembre 1809, sur les prix décennaux.* — Voyez le *Bulletin des lois* et les journaux du temps, en particulier le *Journal des Débats*, l'*Esprit des journaux*, le *Journal de l'Empire* et le *Moniteur*. — Le premier décret disait dans son premier article : « Il y aura, de dix en dix ans, le jour anniversaire du 18 brumaire, une distribution de grands prix donnés de notre propre main dans le lieu et avec la solennité qui seront ultérieurement réglés. » — Le second augmentait le nombre des récompenses et les fixait à dix-neuf prix de première classe, ou de 10,000 francs, et seize prix de seconde classe, ou 5,000 francs. Neufs prix étaient attribués à la seconde classe de l'Institut (Académie française), cinq de première classe et quatre de seconde, pour récompenser « le poëme épique, la tragédie, la comédie, l'ouvrage de littéra-

ture qui réunirait au plus haut degré la nouveauté des idées, le talent de la composition et l'élégance du style ; le meilleur ouvrage de philosophie en général, soit de morale, soit d'éducation ; le meilleur poëme didactique ou descriptif ; les meilleurs petits poëmes dont les sujets seraient tirés de l'histoire de France ; la meilleure traduction en vers de poëmes grecs ou latins, et le meilleur poëme lyrique mis en musique. »

Il y eut un grand nombre d'articles critiques au sujet de ces décrets : mais nous n'en avons pas retrouvés en volumes.

125. — *Rapport du jury* institué par S.'M. l'empereur et roi pour le jugement des prix décennaux, en vertu des décrets du 24 fructidor an XII et 25 novembre 1809. — Paris, Baudouin, 1810, in-4.

Ce jury était un jury du premier degré, composé des présidents et des secrétaires perpétuels des cinq classes de l'Institut. Son rapport, signé par Bougainville, président, et Suard, secrétaire, fut publié in extenso par plusieurs journaux et revues littéraires, en particulier par le *Moniteur*, en juillet 1810, et par l'*Esprit des journaux*, dans ses livraisons d'août et septembre de la même année (près de 200 pages). — Il donna lieu à une foule d'observations et réclamations qui sont bien résumées dans la livraison d'octobre 1810 de l'*Esprit des journaux*.

Chaque classe de l'Institut devait ensuite constituer un jury du second degré pour les prix qui lui étaient attribués et faire un rapport spécial à ce sujet. Le voici pour les neuf prix attribués à l'Académie française.

126. — Institut de France. — *Rapport de la classe de la langue et de la littérature française*, à S. M. l'Empereur et roi sur les prix décennaux. Paris, Baudouin, 1810, in-4.

Un secrétaire *ad hoc* (ce fut Arnault) avait été élu dans la séance du 18 octobre 1810 (voir l'extrait du procès-verbal aux *OEuvres d'Arnault*, t. V, p. 31, 33), pour remplacer Suard, qui avait fait partie du premier jury ; mais il y eut en réalité plusieurs rapporteurs désignés, dont les rapports réunis formèrent le rapport général, qui parut dans le *Moniteur*, à la fin du mois de novembre, sous la signature de Regnault de Saint-Jean-d'Angély, président, et Arnault, secrétaire.

Arnault et Chénier ont, depuis, imprimé et signé séparément ce qui leur appartient en propre dans ce rapport général, Arnault pour l'Introduction, le troisième et le sixième prix de deuxième classe et les conclusions (voir ses *OEuvres*, t. V, *Mélanges académiques*, p. 34-73), et Chénier, pour le rapport sur le cours de littérature de La Harpe.

Ce rapport de la classe était en désaccord complet avec celui du jury : et cela suscita une assez longue polémique : voir en particulier l'*Esprit des journaux*, livraison de février 1811, où des tableaux comparatifs des décisions sont présentés d'une manière fort intéressante. — Le ministre de l'in-

4

térieur devait ensuite soumettre à l'empereur un rapport faisant connaître le résultat des discussions, puis un décret impérial devait décerner les prix. Mais une foule de considérations, qui sont fort habilement exposées dans l'*Histoire de l'Académie*, par M. Paul Mesnard, retardèrent de jour en jour cette décision, et l'Empire tomba sans que les prix fussent décernés.

127. — *Quelques observations* sur un paragraphe du rapport de la seconde classe de l'Institut relatif aux prix décennaux, par M. Ch. de Féletz. — Insérées dans le volume de ses *Jugements historiques et littéraires*. Paris, Perisse, 1840, 1 vol. in-8, br. (366-373).

128. — *Articles* sur les prix décernés par la deuxième classe de l'Institut, sous le Consulat et le second Empire, insérés dans les *Annales littéraires* de Dussault :

— Prix de poésie en 1801, I, 217, etc.
— Éloges de Massillon et de Duclos, II, 123, etc.
— Prix de 1807, II, 236.
— Éloges de Corneille, en 1809, III, 72.
— Prix décennaux, III, 255.
— Prix d'éloquence, en 1812, III, 473.
— Prix d'éloquence, en 1813, IV, 102.
— Prix d'éloquence, en 1814, IV, 278.
— Prix d'éloquence, en 1816, IV, 494.

129. — Principaux *articles* publiés sur les prix décernés par la deuxième classe de l'Institut, dans l'*Esprit des journaux*, en-dehors des prix décennaux précédemment cités.

— Rapport du concours des prix proposés au concours de l'an XIV, lu par le secrétaire perpétuel de la classe de la langue et de la littérature françaises dans la séance publique du 2 janvier 1806 ; II, 155, etc.

— Institut national. — Séance du 3 octobre 1807 ; inauguration de la statue de S. M. l'empereur et distribution des prix, 1807, XI, 113, etc.

— Séance publique tenue par la classe de littérature française. Prix décernés et proposés par cette classe, 1808, VI, 159, etc., etc.

130. — Principaux *articles* sur les prix, insérés dans les œuvres du critique *Hoffman* :

— Éloge de P. Corneille, qui a obtenu la première mention honorable, au jugement de la classe de la littérature et de la langue françaises (1809), par René de Chazet, VIII, 331, etc.

— Éloges de Montaigne, par Villemain, Droz et Jay (1812), VIII, 366, etc.

131. — La *Minerve française*, revue littéraire fort intéressante, qui parut du mois de février au mois d'avril 1820, en 113 livraisons hebdomadaires, 9 vol in-8, rédigées presque uniquement par des académiciens : Aignan, Jay, Jouy, Lacretelle, Tissot, auxquels s'étaient joints Évariste Desmoulin et Benjamin Constant, contient une série d'articles fort curieux sur les séances

de l'Académie française, signés L. L'auteur ne peut être que Lacretelle aîné. On trouve des détails particuliers sur les prix et les concours dans les suivants : Il, 480, etc., réflexions générales ; — III, 391, etc., concours de 1818 : Éloge de Rollin ; etc.

La *Minerve* devint bientôt beaucoup plus politique que littéraire, ce qui amena sa mort : elle fut, dit M. Hatin, la véritable Satire Ménippée de la Restauration.

— Il y a, de plus, un compte rendu d'Aignan, sur l'*Éloge de Michel de Montaigne,* discours qui a obtenu une mention honorable au jugement de la classe de la langue, etc..., dans sa séance du 9 avril 1812, par M. Dutens, ingénieur en chef, directeur des ponts et chaussées. Paris, Didot, 1818, in-8. — II (414-416).

132. — *Les Fondations et legs de M. de Montyon* en faveur des hospices et des académies. — Sujet du prix de poésie proposé par l'Académie pour l'année 1825. Il y eut vingt-neuf pièces présentées : mais il n'y eut que deux mentions honorables. Le sujet fut remis au concours pour l'année 1826. — Vingt-neuf pièces furent encore présentées, et le prix fut remporté par M. Alfred de Wailly, professeur au collège Henri IV. Il y eut un accessit et quatre mentions honorables parmi lesquels M. Bignan seul fut nommé.

133. — *Éloge historique* de A. F. B. R. Auget, baron de Montyon. Paris, 1834, in-8. — Cet éloge avait été proposé, en 1832, par l'Académie, pour le concours d'éloquence de 1834. (Voir le rapport d'Arnault dans le recueil général des rapports de l'Académie française. Le lauréat n'y est pas nommé.) La brochure qui précède est l'œuvre d'Andrieux, secrétaire perpétuel de l'Académie française, mort en 1833, et n'avait pour but que d'indiquer le programme du concours. Mais Andrieux avait l'habitude de traiter tellement à fond, dans ses rapports et ses programmes, les sujets de concours, qu'il transformait ses comptes rendus en véritables morceaux d'éloquence dignes d'être couronnés.

On a un autre *éloge* de Montyon, composé par Alfred de Wailly, en 1826. in-8, et une *vie* du célèbre philanthrope, par René de Chazet, en 1829, in-8.

134. — *Les prix Montyon,* notice par Andrieux, insérée au tome III du *Livre des cent et un* (1833). (Voir *la Littérature française contemporaine* de Quérard, Louandre et Bourquelot, art. Andrieux.)

135. — *Les prix Montyon.* — Recueil de traits de vertu et indication analytique des ouvrages qui ont obtenu les prix fondés par M. de Montyon : nouvelle morale en action, précédée d'une notice sur ce vertueux philanthrope et ses diverses fondations (par Alfred Jean Le Tellier). Paris. imp, d'Herhan, 1833, in-8.

Voir, ci-dessus, les numéros 87 et 88, en particulier ce dernier pour la bibliographie des *Livrets Montyon,* tirés d'abord à dix mille exemplaires.

136. — Conférences populaires faites à l'asile impérial de Vincennes sous

le patronage de S. M. l'impératr ce, — *Les prix Montyon*, par Ernest Morin, professeur à l'école Turgot, etc. Paris, Hachette, 1867, pet. in-12, 72 p. — On lit, au verso du faux titre : « Cette conférence est la deuxième partie de la conférence intitulée *Montyon*, ou la vie d'un homme de bien. »

137. — Nombreux articles sur les concours et prix académiques, dans l'*Histoire de la poésie française à l'époque impériale*, par Bernard Jullien. Paris, Paulin, 1844, 2 vol. in-12; en particulier, aux passages suivants. Tome I, 3, 111, 128, 206, 234-236, 252, 258, 303, 320, 352; et tome II, 18, 150-156, 211, 237-239, 250, 257, 259, 268, 348, 402, 441-447.

138. — Articles spéciaux de la *Revue des Deux-Mondes*, depuis sa fondation, en 1829, jusqu'à nos jours.

A. — *Des concours académiques,* par M. Lerminier ; livraison du 15 janvier 1833.

B. — *Sur le prix Gobert* décerné par l'Académie à M. Augustin Thierry, — article anonyme dans la livraison du 1er juin 1840.

C. — *Du concours à l'Académie française* et des derniers travaux sur Pascal, par M. G. Libri; livraison du 15 août 1842.

D. — *Le Concours sur Voltaire,* par M. P. Limayrac ; livraison du 1er septembre 1844.

E. — *L'Académie française et le prix décennal,* par M. E. Montégut; livraison du 15 mai 1891.

F. — *L'Académie et les prix décernés*, par Ch. de Mazade; livraison du 15 août 1865.

Consulter aussi le bulletin littéraire de la *Revue*.

139. — Articles spéciaux du *Correspondant* depuis sa fondation, en 1843, jusqu'à nos jours.

A. — *Voltaire à l'Académie,* séance du 29 août 1844, par M. L. A. Binault ; livraison du 10 septembre 1844.

B. — *Séance annuelle* de l'Académie française, le 11 décembre 1845, par M. de Damas Hinard; livraison du 25 décembre 1845.

C. — *Séance publique annuelle* de l'Académie française. Timon et les bons livres, par Louis Veuillot; livraison du 25 septembre 1846.

D. — *La dernière séance* de l'Académie française, par M. P. Douhaire; livraison du 25 septembre 1859.

E. — *Séance annuelle* de l'Académie, par M. P. Douhaire; livraison du 10 septembre 1873.

140. *Bernard Palissy* devant l'Académie en 1854. — Articles insérés dans les livraisons de mai et juin 1854 du *Bulletin de la Société de l'histoire du protestantisme français*.

141. — *Un prix de 25,000 francs,* par Laurent Pichat; livraison de janvier 1854 de la *Revue de Paris* (1851-1858). Cette revue, d'abord toute litté-

raire, puis politique, contient encore quelques autres études bonnes à consulter.

142. — *L'Athenæum français*, journal littéraire qui a paru de 1852 à 1856 (5 vol. gr. in-4), contient d'intéressants comptes rendus des séances publiques annuelles de l'Académie française. — Consulter aussi la *Revue contemporaine* (1852-1870) à laquelle l'*Athenæum* fut réuni en 1856.

143. — *Les Prix à l'Académie française.* M. Thiers. — Chronique de juin 1861, à la *Revue nationale*, par Horace de Lagardie (Mme de Peyrounet), réimprimée en volume dans les *Causeries parisiennes*, 1re série. Paris, Charpentier, 1863, 1 vol. in-18.

144. — *Un concours académique.* Le cardinal de Retz et ses récents biographes (1863). — Chapitre du livre intitulé *Critiques et croquis*, par M. Eugène Veuillot. Paris, Olmer, 1873, 1 vol. in-12 (p. 148-190).

144 *bis.* — Nous insérerons ici, hors rang, un article qui a échappé à l'impression de la feuille précédente : c'est un discours prononcé par l'académicien Saint-Lambert, dans la séance du 25 août 1785, sous le titre de : *Réflexions sur le véritable objet des éloges proposés par l'Académie.*

V

DOCUMENTS CRITIQUES ET PIÈCES DIVERSES CONCERNANT LES DISCOURS DE RÉCEPTION
ET LES HARANGUES ACADÉMIQUES.

A. — Ancienne Académie.

145. — *Discours à l'Académie*, sur l'histoire de l'éloquence académique, au dix-septième siècle, par Boissy d'Anglas. — Le commencement de ce morceau remarquable, qui ne comprend pas moins de 250 pages et qui passe en revue les harangues de réception les plus remarquables depuis l'origine, fut d'abord imprimé dans l'essai de Boissy, sur la vie, les écrits et les opinions de M. de Malesherbes (Paris, Treuttel et Wurtz, 2 vol. in-8). L'auteur, le considérant comme une introduction naturelle à l'analyse des discours académiques du dix-huitième siècle, le réimprima tout entier dans ses *Fragments d'une histoire de la littérature française*. Cela forme les cinquième et sixième volumes de ses *Études poétiques et littéraires d'un vieillard* (Paris, Kleffer, 1825, 6 vol. in-12), et c'est le monument le plus important qui ait été élevé à l'éloquence académique. On se demande, après la lecture de ces deux volumes, comment il se fait que Boissy-d'Anglas se soit confiné dans l'Académie des inscriptions et belles-lettres, sans frapper à la porte de l'Académie française.

146. — *Des discours académiques*, par rapport à l'éloquence française. — Chapitre fort bien étudié, par l'abbé Goujet, au tome second de sa *Bibliothèque françoise*. Paris, 18 vol. in-12.

147. — Fénelon. — *Lettre à l'Académie française, sur l'éloquence*, à la suite de ses *Dialogues sur l'éloquence* en général et l'éloquence de la chaire en particulier. — Paris, 1718, in-12, reproduite depuis dans presque toutes les éditions des œuvres de Fénelon.

Le *Journal de Trévoux* en a publié un compte rendu dans sa livraison de juin, 1719, p. 959-979.

Voir aussi ci-dessous, la lettre de Fénelon, sur les occupations de l'Académie, à notre chapitre VII.

148. — *Remarques sur deux discours* prononcés à l'Académie française, sur

le rétablissement de la santé du roi, le 27 janvier 1687 (par le S. Defrein, pseudonyme de Barbier d'Aucour, de l'Académie). — Paris, Lemonnier, 1688, in-12.

On lit un compte rendu de ces remarques dans l'*Histoire des ouvrages des savants*, septembre 1688, p. 182.

149. — *Une réception académique en 1694, d'après Dangeau*, par M. Sainte-Beuve. Voy. *Causeries du Lundi*. Paris, Garnier, 1856, tome XI, 274-289.

Cet article avait d'abord paru dans l'*Athenæum* et raconte la piquante réception de l'évêque, comte de Noyon, Mgr de Clermont-Tonnerre, par l'abbé de Caumartin. Les *Mémoires de Saint-Simon* donnent aussi des détails sur cette réception, qui eut un grand succès de scandale. — Voir encore notre *Étude sur l'abbé de Caumartin*. Vannes, Galles, 1876, in-8, et les principaux mémoires du temps.

Il y eut quelques pièces satiriques publiées à cette occasion : on trouve, en particulier, à la bibliothèque nationale, résidu de Saint-Germain, n° 16, portefeuille 1° du docteur Valant, une lettre burlesque intitulée : *Lettre de Mons. L'évêque de Noyon sur la Harangue de M. l'abbé de Caumartin, président de l'Académie le jour de la réception de cet évêque*. M. Sainte-Beuve en a donné en note la plus grande partie.

Il n'est pas hors de propos d'ajouter ici que le *Journal* de Dangeau contient souvent des détails piquants et des anecdotes sur les réceptions académiques. C'est lui qui nous apprend, par exemple, que les femmes assistèrent pour la première fois à ces séances, le 7 septembre 1702, pour la réception de l'évêque de Senlis, Chamillart. Depuis l'admission du public, en 1672, il n'y avait eu que des hommes.

150. — *Éloges de quelques poëtes français, et de quelques dames illustres de la même nation, divisés en trois pléiades, qui ont été loués à l'Académie française, le 8 février 1710, à la réception de M. de la Motte* (1710).

150 *bis*. — Chapitre sur les réceptions académiques dans les *Lettres sur les anglais et sur les français*, par M. de Muralt, 1725. in-12. — Voy. Sainte-Beuve : *Causeries du Lundi*, XV, 141.

151. — *Relation de ce qui s'est passé au sujet de la réception de Messire Mathanasius* (Mirabeau) *à l'Académie française*. Paris. Donteux, 1721, in-12. — Satire de la réception de Mirabeau, par l'abbé Desfontaines, réimprimée dans les diverses éditions de son *Dictionnaire néologique à l'usage des beaux esprits*. Paris, Lottin, 1726, 1727; Amsterdam, Arkstée et Merkus, 1728, 1750, in-12, etc.

152. — *Discours que doit prononcer M. l'abbé Séguy pour sa réception à l'Académie française*. S. d. (1736), in-4, 4 pages.

Ce discours satirique, composé par l'abbé Roy, continuait la série des attaques faites contre Séguy qui, disait-on, ne composait pas les harangues ni les oraisons funèbres qu'il prononçait. En 1739, son panégyrique de saint

Louis, devant l'Académie, parut si beau, que la compagnie demanda pour lui l'abbaye de Genlis : on prétendit que La Motte en était l'auteur. — Les oraisons funèbres du duc de Villars et du cardinal de Bissy ont bien prouvé son mérite d'orateur et justifié sa nomination à l'Académie française. — Voir, au sujet de la satire de l'abbé Roy, trois lettres fort intéressantes de l'abbé d'Olivet au président Bouhier, des 17, 29 janvier et 27 février 1736, publiées par M. Livet, dans la correspondance de l'abbé d'Olivet, en appendice au deuxième volume de son édition de l'*Histoire de l'Académie*, par Pellisson et d'Olivet. — On fit des perquisitions chez Roy et Desfontaines. Le libraire Ribou fut arrêté, etc., etc.

153. — *Lettre* sur les derniers discours prononcés à l'Académie française, 1743, in-12. — Cette lettre est de l'abbé Desfontaines. Il s'agit des discours de l'évêque de Bayeux (d'Albert de Luynes) et de Moncrif.

154. — *Lettre* à M. l'abbé Desfontaines, sur une phrase de cent quatre-vingts mots d'un discours de l'abbé Hardion, à la réception de M. de Mairan à l'Académie française (par le marquis Ch.-J. de Beauvau). — Paris, 1745, in-12. — Le marquis devint maréchal de France et académicien.

155. — *Discours* prononcé à l'Académie française, par le docteur Mathieu-Chrysostome Baragouin. Ou ? 1787, in-12 de 32 p. — Satire par le Maure.

156. — *Les Quand*, notes utiles sur un discours prononcé devant l'Académie française, le 16 mars 1760. — S. l., 1760, in-12, 7 pages.

Cette satire du discours de réception de Lefranc de Pompignan est de Voltaire : elle eut un succès immense, et nous en connaissons, de la même année, une sixième édition, à Genève, S. d. (1760). in-12 augmentée, des *si* et des *pourquoi* (de l'abbé Morellet), en tout 29 pages imprimées en caractères rouges.

Le discours de Pompignan attaquait le parti des philosophes : sa réception devint le point de départ d'une véritable avalanche de brochures satiriques dirigées d'un côté par Voltaire et son parti, de l'autre par Palissot, qui, dans sa comédie des *Philosophes* (Paris, 1760, in-12), vengea le poëte religieux. Pendant plus d'une année, on fut inondé de nouveaux *Quand*, de *si*, de *mais*, de *pourquoi*, de *qu'est-ce que*, etc... Mais la plupart furent lancés contre Palissot. Nous citerons cependant contre Lefranc : *Les nouveaux si et pourquoi*, Montauban, 1760, 24 pages ; et la série d'opuscules de Voltaire réunis par Morellet dans le *Recueil des facéties parisiennes*, pour les six premiers mois de 1760 (1760, in-8 de 282 p.) et réimprimés, depuis, dans l'édition de Kehl : les *pour*, les *que*, les *qui*, les *quoi*, les *car*, les *Ah! Ah!* — Pompignan répondit par un *Mémoire au Roi*, auquel Voltaire répliqua de nouveau par une épitre intitulée *La Vanité*. — Tout cela prouve que le coup du poëte au parti encyclopédiste avait porté juste.

157. — Le *Journal des savants*. — On trouve des comptes rendus des discours prononcés aux réceptions de l'abbé Dangeau, 1683, p. 72 ; — de

Boileau et La Fontaine, 1686, nᵒ 18 ; — de Caillères et Renaudot, 1689, p. 327-332 ; — de Pavillon, 1693, p. 18-20, avec un historique des discours de réception ; — de M. le Coadjuteur de Strasbourg (Gaston de Rohan), 1704, p. 170-177 et de Mimeure, 1708, p. 14, avec un éloge du président Cousin et une histoire du *Journal*.

Le *Journal des savants* a aussi rendu compte du recueil de Coignard de 1703 : 1703, p. 673-676 ; — de celui de 1705 : 1706, p. 9-14 ; — et de celui de 1707 : 1708, p. 81-86. Ces derniers articles comprennent aussi les prix et concours correspondants et doivent compléter notre numéro 90.

Enfin, on trouve, en 1694, le compte rendu des discours prononcés dans l'Académie française, le 30 octobre 1692, publiés chez J.-B. Coignard et fils, in-4. Ce sont le discours de remerciment de l'Académie de Nismes déclarée associée, et la réponse de Tourreil, 1694, p. 31-32.

158. — Le *Mercure de France* (1723-1791) contient un certain nombre d'articles sur les réceptions académiques les plus importantes. Nous citerons, en particulier, les réceptions de Boissy, livraison d'octobre 1754, p. 95-105 ; — et celle de De Belloy, livraison de janvier 1772, p. 131-133. En somme, il est fort peu riche en documents utiles. (Voir ci-dessus le nᵒ 90.)

159. — *Nouvelles de la république des lettres*. (Voir ci-dessus le nᵒ 91.) — Nous remarquons dans cette collection des articles intéressants sur les réceptions de :

Boileau, livraison de juillet 1684, p. 527-531 ;

Corneille et Bergeret, livraison de janvier 1685, p. 32-38 ;

L'abbé de Choisy, livraison de janvier 1688, p. 52, etc. ;

L'abbé de Polignac, livraison d'octobre 1704, p. 472 ;

et sur le *Recueil des harangues de l'Académie*, publié en 1709, à Amsterdam, en 2 vol. in-12, livraison d'avril 1703, p. 435-445 ;

160. — Le *Journal de Trévoux* (voir ci-dessus notre nᵒ 94) est beaucoup plus riche en articles sur les harangues prononcées aux réceptions académiques : nous remarquons, en particulier, ceux qui concernent les réceptions de :

1. — Chamillart, livraison d'octobre 1702 (357-361) ;

2. — Gaston de Rohan, livraison de mai 1704 (771-789) ;

3. — Polignac, livraison d'octobre 1704 (1703, etc.) ;

4. — L'abbé de Louvois et marquis de Saint-Aulaire, livraison de mai 1707 (799-812) ;

5. — Marquis de Mimeure, livraison d'avril 1708 (631, etc.) ;

6. — Mongin, livraison de juin 1708 (948, etc.) ;

7. — J. A. de Mesme, livraison d'août 1710 (1404-1408) ;

8. — De Nesmond, archevêque d'Alby, livraison de décembre 1710 (2091-2099) ;

9. — L'abbé d'Estrées, livraison d'octobre 1711 (1740-1741) ;

10. — Danchet, livraison d'avril 1713 (672-676) ;

11. — Massieu, livraison d'avril 1715 (613-625) ;

12. — Duc de La Force, *ibid.* (626-634) ;

13. — Fleury, livraison de juillet 1717 (1129-1152) ;

14. — Massillon, livraison de juin 1719 (1923-1934) ;

161. — *Le Pour et le Contre*, revue littéraire, rédigée par l'abbé Prévost et Lefebvre de Saint-Marc, qui parut de 1723 à 1740, et forme 20 volumes in-8, contient quelques articles sur les harangues de réceptions académiques, en particulier, sur celle de Dupré de Saint-Maur, et de Moncrif, en 1783, tome II (200-206), et sur celle de Foncemagne, en 1737, tome XI (14-19) et (145-150) ;

162. — Le *Nouvelliste du Parnasse*, première revue littéraire de l'abbé Desfontaines, en collaboration avec l'abbé Granet, et qui parut de 1730 à 1732, forme trois volumes in-12, dont nous connaissons au moins deux réimpressions en 2 volumes in-12. On y trouve des appréciations sur les réceptions de Hardion, tome I, p. 36, de la première édition (1731), tome I, p. 27 de la deuxième édition (1734) et de Crébillon, tome III, p. 94, 118, 186 de la première édition, tome II, p. 203, 224 et 284 de la seconde.

163. — *Observations sur les écrits modernes.* (Voir ci-dessus notre n° 95.) Articles sur les réceptions Villars, Houteville et Séguy (1735), I. 12. — Boyer, évêque de Mirepoix et Nivelle de la Chaussée (1736), V. 265-281. — Vaux de Giry, abbé de Saint-Cyr, sous-précepteur de Mgr le Dauphin (1742) XXVII, 60-65 ; — de Mairan (1743) XXXII, 121-128 ; — Bignon et Maupertuis (1743) XXXII, 193-208.

164. — *Jugements sur quelques ouvrages nouveaux.* (Voir ci-dessus notre article 96.) — Articles sur les réceptions des abbés Girard et de Bernis, en 1744, tome VI, 39-45, et sur les vers de MM. Crébillon et de la Chaussée pour complimenter le roi, au nom de l'Académie, le 17 novembre 1744, tome V, 180-188.

On y trouve aussi une lettre de M. le marquis de Beauvau à l'auteur des *Observations sur les écrits modernes*, au sujet de l'article sur la réception de Mairan (1745), tome X, 66-70. (Voir notre n° 154.)

165. — *Les cinq années littéraires.* (Voir ci-dessus, notre n° 97.) — Articles sur les harangues prononcées aux réceptions de Gresset et de Paulmy d'Argenson (lettre 9), avec une épigramme de Piron ; — de Vauréal (lettre 41), et du comte de Bissy (lettre 69).

165. — *Lettres sur quelques écrits de ce temps.* (Voir ci-dessus, notre n° 98.) — Articles sur les harangues prononcées aux réceptions du maréchal duc de Belle-Isle (1749), I, 203-211 ; — de M. de Vauréal, évêque de Rennes (1749), II, 93-104 ; — du comte de Bissy (1751), IV, 263-266 ; — et de Buffon (1753), XI, 108-120.

167. — L'*Année littéraire*. (Voir notre n° 99.) — Articles sur les harangues prononcées aux réceptions :

A. — De Mgr le comte de Clermont et de MM. de Bougainville, de Boissy et d'Alembert, 1754, VII, (340-358) ;

B — De M. de Chateaubrun, 1755, III (194-205) ;

C. — De M. l'abbé de Boismont, 1755, VII (133-138) ;

D. — De M. de Montazet, évêque d'Autun, 1757, II (313-323) ;

E. — De M. Séguier, 1757, III (195-204) ;

F. — De M. de la Curne de Sainte-Palaye, 1758, IV (194-204) ;

G. — De M. Lefranc de Ponpignan, 1760, I (264-278) ;

H. — De M. de la Condamine, 1761, I (279-288) ;

I. — De M. Watelet, 1761, I (438 345) ;

K. — De MM. du Coëtlosquet, l'abbé Batteux, l'abbé Trublet et Saurin, 1761, III (102-125);

L. — De M. le prince Louis-René-Édouard de Rohan, coadjuteur de Strasbourg, 1761, IV (85-91) ;

M. — De l'abbé de Voisenon, 1763, I (193-209) ;

N. — De MM. de Radonvilliers, Marmontel et Thomas, 1767, II (3-30) ;

O. — De M. l'abbé de Condillac, 1769, I (3-18) ;

P. — De M de Saint-Lambert, 1770, III (121-133), etc., etc — Nous avons détaillé cette nomenclature pendant une période de vingt ans, pour montrer que l'*Année littéraire* n'a omis de rendre compte d'aucune réception : il n'y a pas une seule lacune dans ses articles successifs. On trouvera la même abondance de détails dans tous les autres volumes de la revue, jusqu'à la fin du siècle : toutes les harangues, sans exception, sont analysées et critiquées. Nous signalerons, en particulier, en 1785, les réceptions de l'abbé Maury II (3-31) de Target, III (3-30) et de Morellet, V (73-101), et en 1786, celles de Guibert, II (73-101) et de Sedaine, IV (97-121).

Ajoutons enfin qu'on trouve dans l'*Année littéraire* des comptes rendus de harangues autres que celles des réceptions : par exemple des « vers adressés au roi de Danemarck par l'abbé de Voisenon, le jour qu'il est venu à l'Académie française,» 1768, VII (138-140); du discours prononcé, en 1785, par Marmontel, de l'autorité de l'usage de la langue, 1785, V (217-239), etc., etc.

164. — *Correspondance littéraire, philosophique et critique* de Grimm et Diderot. (Voir ci-dessous, notre n° 100.) Elle contient des articles à consulter sur les harangues prononcées aux réceptions suivantes :

Tome Ier. — Buffon, p. 32; — Bougainville, p. 151, 157; — de Boissy, p. 192, 209; — de Châteaubrun, p. 309; — d'Alembert, p. 240; — de Boismont, p. 388, 392.

Tome II. — Séguier, p. 109 ; — Montazet, p. 110 ; ← Lefranc de Pompignan, p. 394.

Tome III. — De Coëlosquet et Batteux, p. 6. — Marmontel, p. 385 ; — Voisenon, p. 163; — Thomas, 293. .

Tome VII. — De Saint-Lambert, p. 17; — de Brienne, p. 59; — Roquelaure, p. 255; — prince de Beauvau, p. 256; — Gaillard, p. 258; — Abbé Arnaud et de Belloy, p. 422.

Tome VIII. — Beauzée et de Bréquigny, p. 35; — abbé Delille, p. 367; — Suard, p. 379; — Malesherbes, p. 457.

Tome IX. — La Harpe, p. 84 ; — de Boisgelin, p. 263 ; — abbé Millot, p. 474.

Tome X. — Ducis, p. 158 ; — Chabanon, p. 261 ; — Lemierre et Tressan, p. 382 ; — Champfort, p. 450.

Tome XI. — Condorcet, p. 50.

Tome XII. — Choiseul, Gouffier et Bailly, p. 55 ; — de Montesquiou, p. 127; — abbé Maury, p. 278; — Target. p. 307; — Morellet, p. 368.

Tome XIII. — De Guibert, p. 31 ; — Sedaine, p. 95 ; — Rulhière p. 487.

Tome XIV. — D'Aguesseau, p. 67 : — Florian, p. 72; — Vicq-d'Azyr, p. 269; — Boufflers, p.263; — duc d'Harcourt, p. 278; — Nicolaï, p. 328; — abbé Barthélemy, p. 438.

Il faut y joindre les articles sur la séance extraordinaire pour le roi de Danemarck, t. VI, p. 84 ; — et sur la visite à leurs Majestés et au Dauphin, t. XIV, p. 477.

163. — *Mémoires secrets pour servir à l'histoire de la république des lettres en France depuis 1762 jusqu'à nos jours.* (Voir ci-dessus notre n° 102.) On trouve dans ce recueil une foule de détails sur les réceptions académiques. Pour en donner une idée, voici l'indication des chroniques les plus saillantes.

Voisenon (1762), I, 172, 181, 185, 194. — Radonvilliers (1763), I, 214. — Marmontel (1763), I, 348. — Thomas (1767), III, 148. — Condillac (1768), IV, 197 à 201. — De Loménie (1770), V, 186, 190, 193. — Roquelaure (1771), V, 254. — De Beauveau et Gaillard (1771), V, 263 à 266. — Arnaud (1771), V, 297 à 300. — De Belloy (1772), VI, 84. — Delille (1774), VII, 187, 208. — Suard (1774), VII, 220, 223, 224. — De Boisgelin (1776), IX, 91 à 93. — La Harpe (1776), IX, 187, 199, 206, 209. — Ducis (1779), XIII, 322, 323. — Chabanon (1780), XV, 31. — Le Mierre et de Tressan (1781), XVII, 38, 41 à 45. — Chamfort (1781), XVII, 306, 318. — Condorcet (1782), XX, 102 à 104, 113, — De Choiseul et Bailly (1783), XXV, 146 à 152. — Montesquiou (1784), XXVI, 51, 52, 55 à 61, etc., etc.

Il faut ajouter à ces renseignements bibliographiques ceux qui concernent les discours, compliments, harangues ou oraisons funèbres prononcés en diverses circonstances par des académiciens, au nom de l'Académie : — L'Oraison funèbre du Dauphin, par l'abbé de Boisemont (1765), II, 118 et

III, 7. — La visite du duc de Brunswick (1766), III, 35 à 38. — L'oraison funèbre de la Reine (1768), IV, 168. — La visite du roi de Danemarck (1768), IV, 179. — L'éloge de Marc-Aurèle, prononcé par Thomas, à la séance du 25 août 1770, V, 181 à 184, 190 à 194, 266 et VII, 343. — L'oraison funèbre de Louis XV (1774), VII, 193, 217. — Celle de l'Impératrice (1781), XVII, 265. — La visite du comte du Nord (1782), XX, 347, 348, etc., etc.

166. — *Le Journal des sciences et des beaux-arts* (voir notre numéro 94) contient un bon article, du 15 février 1778, I (243-270), sur la réception de l'abbé Millot. — Son successeur, *le Journal de la littérature des sciences et des arts*, en contient un autre sur la réception de Chabanon; année 1780, n° 3 (145-170).

167. — *L'Almanach littéraire ou Étrennes d'Apollon* (voir notre n° 104) est très-riche en comptes rendus sur les réceptions académiques.

Nous remarquons en particulier des articles sur la réception de Chabanon, (1781), p. 151. — Sur l'abbé de Saint-Pierre et les discours de remercîments 1784, p. 5.— Sur les réceptions Maury, Target et Morellet (1786), p. 205 à 209; 264 à 266 ; 299 à 302. — Sur le discours prononcé par Marmontel, le 16 juin 1785 : De l'autorité de l'usage; — Sur la réception Sedaine (1787), p. 215.

168. — La correspondance de Mme Du Deffand, publiée par M. de Lescure, contient une lettre de Formont sur le discours de réception de d'Alembert, I, 226, 227.

169. — Nous devons présenter, au sujet des harangues académiques, les mêmes observations bibliographiques que nous avons données à notre n° 105 pour les prix : en ajoutant qu'on trouvera, dans la *Correspondance de Voltaire* une foule de renseignements précieux et dans les *Mémoires sur Suard*, par Garat, I, 321-340, un long chapitre sur la réception de Suard, dont le discours fut un événement littéraire.

170. — Nous consacrons ici un article spécial aux comptes rendus des *Panégyriques de saint Louis*, prononcés annuellement le 25 août, devant l'Académie française, par des orateurs de son choix. Nous trouvons les renseignements suivants sur ces panégyriques publiés, pour la plupart *in extenso* dans le recueil général des harangues de l'Académie :

1678; Dans la livraison d'août, du *Mercure galant*.

1681 (abbé d'Anselme), au *Journal des Savans* (1681), p. 441.

1706; *ibid.* (1707), p. 240.

1718 (abbé Cheret), au *Journal de Trévoux*, livraison de novembre (1718), 865-872.

1721 (abbé de Ciceri), au *Journal de Trévoux*, liv. de mai (1721), 833-841.

1736 (M. Billard, aumônier ordinaire du roi de Pologne), dans les *Observations sur les écrits modernes*, VI, 123-124.

1737 (l'abbé Chapelain), *ibid.*, X, 120.

1738 (l'abbé Marquet de Villefonds), *ibid.* XV, 38-42.

1741 (l'abbé Artaud), *ibid.*, XXVI. 212. 216.

1744 (l'abbé de l'Ecluse), dans les *Jugements sur quelques ouvrages nouveaux*, IV, 193-208.

1746 (le P. de Neuville), dans les *Cinq années littéraires* de Clément,
lettre 110.

1758 (l'abbé Rouveyre-Duplan, chanoine de Valence), dans l'*Année littéraire*, 1758, VI, 250-252.

1759 (le P. Boule, cordelier), *ibid.* (1760, I, 201-208), et 283-286. Le second
article porte le titre de Lettre à M. Fréron sur le panégyrique de
saint Louis, prononcé devant MM. de l'Académie française, par le
P. Boule.

1760 (l'abbé Journu), *ibid.*, 1760, IV, 307-312.

1761 (l'abbé de Beauvais), *ibid*, 1761, VI, 171-193.

1762 (M. Bourlet de Vauxcelles, docteur de Sorbonne), *ibid.*, 1762, V,
265-271.

1765 (l'abbé Le Cren, chanoine de Mortain), *ibid.*, 1765, VII. 337-351.

1767 (l'abbé de Bassinet), *ibid.*, 1768, VI, 93-97; et voir le *Journal encyclopédique*, livraison de juin 1768, et les *Mémoires secrets de Bachaumont*, III, 243, 244 et IV, 53. Ce panégyrique, assez peu orthodoxe,
fit beaucoup de bruit.

1768 (l'abbé de Cambacérès, archidiacre de Montpellier); dans l'*Année
littéraire* 1768, VI, 265-276.

1769 (l'abbé Le Couturier, chanoine de Saint-Quentin); dans l'*Année littéraire*, 1769, VI, 42-64; dans le *Journal encyclopédique*, livraison d'octobre 1769, et dans les *Mémoires secrets de Bachaumont*, IV, 341, et
V, 5, 6, 31. L'orateur fut trois fois arrêté par des applaudissements.

On trouve, dans les *Mémoires secrets*, de curieux détails sur l'oubli du panégyrique en 1773, VII, 47.

Les panégyriques les plus remarqués furent ensuite ceux que pronon-
cèrent l'abbé de Besplas, en 1775. Voir *ibid.*, VIII, 185, 187 et XXI, 341 ; et
l'abbé d'Espagnac en 1777, *ibid.*, X, 279.

A partir de 1785, on substitua au panégyrique de saint Louis un sujet de
morale. L'abbé de La Boissière prêcha cette année *sur la charité, ibid.*,
XXVII, 226, et *Almanach littéraire*. 1786, p. 23.

B. — Nouvelle Académie.

On trouve, dans tous les journaux du temps et dans toutes les revues littéraires des articles plus ou moins importants sur les harangues prononcées
aux réceptions académiques : et, parmi les journaux, nous citerons spécialement le *Moniteur universel*, le *Journal des Débats*, la *Gazette de France*, le
Constitutionnel, l'*Illustration*, le *Temps*, la *Presse*, le *XIXe Siècle* et le *Figaro*.
Il serait presque impossible d'en donner ici la nomenclature exacte. Cela
nous entraînerait beaucoup trop en-dehors de notre cadre. Qu'il nous suffise

de dire qu'à la date de chaque réception et pendant presque toute la semaine qui suit, on peut être à peu près certain de trouver des articles intéressants dans les journaux que nous venons de citer. Nous nous contenterons, comme nous l'avons fait pour les prix, d'indiquer ici les principaux articles de Revue et ceux des articles de journaux que leurs auteurs ont plus tard réunis en volume.

171. — *L'Esprit des journaux* (voir notre n° 129) publiait ordinairement les discours de réception *in extenso*, sans commentaires. Nous citerons cependant un bon compte rendu de l'*Éloge de Marmontel*, prononcé à une séance publique de la deuxième classe de l'Institut, le 12 thermidor an XIII, par M. l'abbé de Morellet, etc.

172. — Les *Annales littéraires* de Dussault, Paris, 4 vol. in-8, contiennent des comptes rendus, du *Choix de Discours* de réception publié par Boudou, II, 465, et du *Choix d'Éloges académiques*, III, 558.

173. — Les *OEuvres d'Hoffmann* renferment un compte rendu des discours prononcés à la réception de Lacretelle et d'Étienne, III, 391.

174. — La *Minerve française* (voir notre n₀ 131) a donné des comptes rendus du panégyrique de saint Louis, prononcé devant l'Académie, le 25 août 1818, III, 204, etc., — des discours prononcés à la réception de Cuvier, III, 399, etc., — et du discours prononcé par M. Jouy, aux obsèques de Regnault de Saint-Jean-d'Angely, V, 332, etc.

175. — Les *Jugements historiques et littéraires* de Charles de Feletz, Paris, Perisse, 1840, in-8. Nous y remarquons des articles sur la réception de Lacretelle (15 ventôse an XIII), p. 467-473 : sur celle de Lemercier et de Saintange, p. 473-484 ; sur celle de de Tracy, p. 484-491, et sur celle de Daru, avec l'éloge de l'abbé Barthélemy, par Boufflers, 491-497.

176. — Le *Vicomte de Launay, Lettres parisiennes*, 1836-1848, par Mᵐᵉ Émile de Girardin. Nous y remarquons des articles sur la réception de MM. Dupaty (1836, lettre 4), I, 21, édition Lévy, 1862, 4 vol. in-12 ; Molé (1840, lettre 29), III, 106-111); V. Hugo (1841, lettre 13), III (207-214); Pasquier (1842, lettre 1), III (260 et 267-271), etc.

177. — Articles sur les réceptions académiques publiés dans les *Guêpes*, d'Alphonse Karr (1839-1849) ; nombreuses éditions. Nous citerons, d'après celle de Michel Lévy, 1862, 6 vol in-12, les articles suivants :

Réception Molé, janvier 1841, II, 155-156 ;

Réception Sainte-Beuve, mars 1845, V, (6-8).

Cette piquante revue littéraire est surtout riche en renseignements curieux sur les élections académiques.

178. — Articles spéciaux publiés par la *Revue des Deux Mondes* sur les réceptions académiques. Réception de MM. Thiers, par G. Planche (livraison du 15 décembre 1834); — Guizot, par G. Planche (1ᵉʳ janvier 1837); — Flourens, par Ch. Magnier (15 décembre 1840) ; — Molé, par Sainte-Beuve (15

janvier 1841); — V. Hugo, par Ch. Magnin (15 juin 1841); — De Tocqueville et Ballanche, par P. de Molènes (1er mai 1842) ; — Pasquier, par P. de Molènes (15 décembre 1842); — Patin, par P. de Molènes (15 janvier 1843); — Mérimée, par Ch. Labitte (15 février 1845); — Sainte-Beuve, par Ch. Labitte (1er mars 1845) ; — Alfred de Vigny, par Sainte-Beuve (1er février 1846) ; — Vitet, par Sainte-Beuve (1er avril 1846; — De Rémusat, par H. Baudrillart (15 janvier 1847) ; — Empis, par A. de Pontmartin (1er janvier 1848) ; — Ampère, par A. de Pontmartin (1er juin 1848); — De Saint-Priest, par A. de Broglie (1er février 1850); — Nisard, par Ch. de Mazade (1er juin 1851); — De Laprade, par Ch. de Mazade (1 r avril 1859); — J. Sandeau, par E. Lataye (1er juin 1859); — Camille Doucet, par F. de Lagenevais (1er mars 1866); — Prévost-Paradol (anonyme), (15 mars 1866.)

179. — Articles spéciaux publiés par le *Correspondant* sur les réceptions académiques. — Réception de MM. Alfred de Vigny (anonyme) (livraison du 10 février 1846) ; — Vitet, par P. Lorain (10 avril 1846) ; — De Rémusat, par Aug. Ducoin (25 janvier 1847) ; — Empis, par P. Lorain (10 janvier 1848) ; Montalembert, par Ch. Lenormant (10 février 1852) ; — Mgr Dupanloup, par Ch. Lenormant (25 novembre 1864) ; — Berryer, par Ch. Lenormant (25 mars 1855) ; — Duc de Broglie, par A. de Pontmartin (25 avril 1856) ; — Biot, par Raynaud (25 février 1857) ; — De Laprade, par L. Arbaud (25 mars 1859) ; — le P. Lacordaire, par P. Douhaire (25 janvier 1861) ; — De Carné, par F. de Champagny (25 février 1864).

180. — Articles spéciaux publiés par l'*Athenæum français* sur les réceptions académiques : Réception de M. Legouvé (livraison du 7 mars 1856) ; — Réception du duc de Broglie (livraison du 5 avril 1856).

181. — Articles spéciaux publiés dans les *Causeries du Lundi* de M. Sainte-Beuve sur les réceptions académiques : Réceptions du P. Lacordaire (XV, 122) ; — de MM. Ponsard *(ibid.*, 301) ; — Biot *(ibid.*, 306) ; — de Falloux *(ibid.*, 311) ; — Emile Augier *(ibid.*, 317) ; — Jules Sandeau *(ibid.*, 322).

182. — L'*Académie française et la réception d'Alfred de Musset*. — Chapitre du volume intitulé : *Critiques et récits littéraires*, par Edmond Texier. Paris, Michel Lévy, 1853, in-12.

183. — L'*Académie française à propos de la réception de M. Alfred de Musset*. — Chapitre du volume intitulé : *Coups de plumes sincères*, par Paulin Limayrac. Paris, Victor Lecou, 1853, in-12.

184. — L'*Académie française et les Académiciens*, à propos des réceptions de MM. Legouvé, De Broglie, Ponsard, Biot et de Falloux. — Chapitre du volume intitulé : *Écrivains et hommes de lettres,* par Louis Ulbach. Paris, Ad. Delahaye, 1857, in-12.

185. — Œuvres complètes de *H. Rigault*. Paris, Hachette, 1859, 4 vol. in-8. — Compte rendu des réceptions de MM. de Sacy, Legouvé et De Broglie, IV (p. 1-35).

186. — Articles publiés par M. de Pontmartin, dans ses *Semaines littéraires* et ses *Nouveaux Samedis*, sur les réception académiques. — Réceptions de MM. A. de Broglie : *Semaines littéraires* (1863), p. 319-333 ; — Prévost-Paradol, *Nouveaux Samedis* (1867), III (166-177) ; — Cuvilier-Fleury, *ibid.* (1867), IV (304-319) ; — Jules Favre, *ibid.* (1869), IV (34-46) ; — Autran, *ibid.* (1870), VII (90-103) ; — duc d'Aumale, *ibid.* (1874), X (14-36) ; — Littré, *ibid.* (1874), X (131-144).

187. — Une réception à l'Académie française (M. de Carné). Chapitre du tome VII de l'*Année littéraire* de G. Vapereau pour 1864. C'est un extrait de la *Revue de l'Instruction publique.*

188. — L'Académie française et M. d'Haussonville. Chapitre du volume intitulé : *Les Vivants et les Morts*, par Arthur de Boissieu. Paris, Lemerre (1870, in-12).

189. — Articles des *Causeries parisiennes* de Mme de Peyronnet (Horace de Lagardie) sur les réceptions académiques. — Paris, Charpentier, 1863, 2 vol. in-18 ; — Réception de Broglie, II, 201 ; — Réception Feuillet, II, 229.

190. — Le Père Lacordaire à l'Académie. Chapitre du volume intitulé *Critiques et Croquis*, par Eugène Veuillot. Paris, Olmer, 1873, in-18.

191. — Jules Janin. Discours de réception à la porte de l'Académie française. Paris, Jules Tardieu, 1865, in-12. — « Chef-d'œuvre, dit l'éditeur, de grâce, d'éloquence, d'atticisme, de finesse et de courtoise raillerie. » Janin ne fut reçu à l'Académie que cinq ans après son premier échec.

192. — Lettre d'outre-tombe à M. Alexandre Dumas, en réponse à son discours de réception, en séance publique de l'Académie française, le 11 février 1875. — Paris, chez tous les libraires, 1875, in-8.

Nous devons signaler aussi, à ce sujet, un article remarquable publié par M. Livet, le 21 février 1875, dans le *Moniteur universel,* sous ce titre : « A propos de la réception de M. Alexandre Dumas fils à l'Académie française. »

Ce discours souleva, dans les journaux, toute une polémique, à cause du motif attribué par le récipiendaire à Richelieu pour demander à l'Académie la critique du *Cid*. — Au sujet de la théorie soulevée par M. Dumas, on peut consulter aussi la *Bibliographie cornélienne* de M. Picot (n°s 1417 et 1468).

193. — Discours de M. Nemo (Ignotus), successeur de M. Victor Hugo, prononcé à l'Académie française, le jour de sa réception. — Paris, V. Goupy, 1876, in-4. — Fantaisie littéraire qui sert de prétexte à une biographie satirique de V. Hugo.

VI

ÉLECTIONS ET EXCLUSIONS.

Nous ne mentionnerons ici, pas plus que nous ne l'avons fait pour les réceptions académiques, les détails plus ou moins intéressants que l'on peut rencontrer sur les élections académiques dans les biographies individuelles des académiciens. Il ne peut être question, pour remplir le cadre de cet essai bibliographique, que des publications distinctes sur les élections, soit en volumes ou en brochures séparés, soit en articles ou chapitres d'ouvrages sur l'histoire littéraire, de chroniques, de mémoires et de revues. — On sait que la première exclusion fut celle d'Auger de Mauléon, sieur de Granier, l'un des quarante premiers académiciéns et l'éditeur des mémoires de la reine Marguerite, accusé d'une infidélité. Mais nous ne connaissons aucun écrit sur son exclusion, dont la cause exacte est encore un problème. Voir la plaquette intitulée : *Auger de Mauléon, dit l'abbé Granier*, par E. Révérend du Mesnil. Bourg en Bresse, 1876, in-12.

194. — La candidature de Bossuet à l'Académie française (1671). — Chapitre du volume publié sous le titre de *Portraits et études*, par M. Nourrisson. Paris, Didier, 1863, in-18.

195. — Pièces publiées à l'occasion de l'exclusion de Furetière. — On sait que l'abbé de Chalivoy fut exclu de l'Académie, pour avoir publié seul, et sous son privé nom, un dictionnaire français, dont la compagnie l'accusait d'avoir emprunté une grande partie de ses propres cahiers, encore inédits.

A. — *Factum pour messire Antoine Furetière*, abbé de Chalivoy, contre quelques-uns de Messieurs de l'Académie françoise. Amsterdam, Henry Desbordes, 1685, in-12. — Il y a un compte rendu du procès dans les *Nouvelles de la république des lettres*, de janvier, février et mai 1685.

B. — *Second factum pour messire Antoine Furetière*, abbé de Chalivoy, appelant, tant comme de juges incompétents qu'autrement, d'une prétendue sentence rendue au bureau de l'Académie française, le .... janvier 1685, contre Séraphin Regnier-Desmarais, Fr. Charpentier, François Tallemant, Paul Tallemant, Claude Boyer, Michel Le Clerc, Jean de La Fontaine et autres, qui en tiennent le bureau. — *Ibid.*, 1685, in-12. — Autre édition, s.

1. n. d., in-4. — On lit un compte rendu de ce nouveau pamphlet dans les *Nouvelles de la république des lettres*, pour juin 1686. — Voir aussi les *lettres de Bussy-Rabutin*, en particulier, celle du 4 mai 1686 adressée à Furetière.

C. — *Troisième factum*, servant d'apologie aux deux précédens, pour Mᵉ Antoine Furetière, abbé de Chalivoy, appelant d'une sentence rendue au siège de la police du Chastelet de Paris, le 24 décembre 1686, contre, etc... accusateurs et instigateurs, etc.... Amsterdam, Henry Desbordes, 1686, in-12. — Compte rendu dans les *Nouvelles de la république des lettres*. Décembre 1687. — Voir aussi les *Voyages littéraires sur les Quais de Paris*, par M. de Fontaine de Resbecq. Paris, Furne, 1864, in-12 (199-205).

D. — *Nouveau recueil des factums* du procez d'entre defunt M. l'abé (*sic*) Furetière, l'un des quarante de l'Académie françoise, et quelques-uns des autres membres de la même académie, dans lequel on trouvera quantité de pièces très-rares et très-curieuses des deux parties, qui n'avoient point été données ou publiées. — Amsterdam, 1694, 2 vol, in-12, avec frontispice gravé. La préface est particulièrement intéressante.

E. — *Recueil des pièces* du sieur Furetière et de Messieurs de l'Académie françoise. A Paris, 1686, in-12. — Il y en a une autre édition d'Amsterdam, 1687, sous le titre de « Recueil de plusieurs vers, épigrammes et autres pièces qui ont été faites entre Mᵉ Antoine Furetière et Messieurs de l'Académie françoise. » Ce recueil contient un sonnet de Boyer au chancelier, un sonnet de Furetière au même : le désaveu fait par les muses du placet présenté au roy sous leur nom par Furetière, par Charpentier ; placet et très-humble remontrance à Mᵍʳ le chancelier, par Furetière ; second placet, par le même ; dernier placet par le même, avec pagination distincte. En tout, 36-62 pages. La seconde édition contient de plus une foule de vers sonnets, stances, épigrammes, etc.

F. — *Lettre de M. Furetière* à M. Doujat, doyen de l'Académie françoise, avec la réponse de M. Doujat et les pièces justificatives. — A la Haye, chez Pierre Périer, 1688, petit in-12. — C'est une des pièces les plus importantes du procès Furetière. Les pièces justificatives de la réponse de Doujat sont la copie du privilége de l'Académie, des extraits du privilége spécial de Furetière pour son dictionnaire, une épître au roi et un avertissement au lecteur, mis par Furetière à la tête de ses essais ; des extraits des statuts de l'Académie ; la déclaration de l'Académie sur l'expulsion de Furetière ; une requête de l'Académie au roi et à son conseil ; l'arrêt du conseil sur la requête ; un extrait du mémoire instructif de l'Académie ; une requête de Furetière, etc., etc.

G. — *Dialogue* de Monsieur D. (Despréaux). de l'Académie françoise, et de Monsieur L. M. (Le Maître), avocat au Parlement. — Ce dialogue anonyme,

dont le titre est omis dans le dictionnaire de Barbier, est un pamphlet viru-
lent contre Furetière, composé par l'académicien Charpentier, qui s'en
donne pour auteur dans le *Carpenteriana*, p. 488. — Il a été imprimé au
tome II du recueil des factums de 1694 (n° D, ci-dessus), et reproduit par
M. Asselineau dans sa dernière édition des factums de Furetière (n° L,
ci-dessous).

H. — Plan et dessein du poëme allégorique et tragico-burlesque intitulé :
les Couches de l'Académie. — Amsterdam, Henry Desbordes, 1687, in-12. —
A été reproduit dans l'édition moderne des factums, par M. Asselineau.

K. — *Lettre de l'abbé Tallemant l'aîné*, de l'académie française sur le dif-
férend de Furetière avec cette académie. — Insérée dans le *Mercure Galant*
de mai 1688, quelques semaines après la mort de Furetière. — Reproduit
par M. Asselineau dans le numéro suivant.

L. — *Recueil des factums d'Antoine Furetière*, de l'Académie française
contre quelques-uns de cette académie, suivi des preuves et pièces historiques données dans l'édition de 1694, avec une introduction et des notes
historiques et critiques, par M. Charles Asselineau. Paris, Poulet-Malassis,
1858-1859, 2 vol. in-12. — Les bibliophiles recherchent avec soin quelques
exemplaires de cet ouvrage avec des cartons.

Le premier volume contient une étude sur Furetière, et les trois factums
de l'académicien exclu. Le second volume renferme une foule de documents déjà imprimés ou inédits donnant tout l'historique du procès :
beaucoup de ces pièces n'étant que de simples feuilles, nous n'en avons pas
cité les titres à leur date. Les lettres et placets au chancelier sont signées
Furetière *proto-martyre du Parnasse*. La lettre à Doujat citée plus haut, figure parmi les documents reproduits par M. Asselineau ; mais il n'a pas
donné la réponse.

M. — Citons enfin une bonne analyse du procès Furetière avec extraits
des factums, donnée par M. Livet en appendice au second volume de son
édition de *l'Histoire de l'académie*, par Pellisson et d'Olivet.

196. — On trouve dans les *Nouvelles de la république les lettres*, outre les
articles cités plus haut sur le procès Furetière, des articles sur la candidature
du duc du Maine à l'Académie. 1685, pp. 35 et 204.

197. — On rencontre, dans divers recueils, un certain nombre d'*épigrammes*
sur les élections à l'Académie française. Il suffit de citer ici les épigrammes
bien connues de Racine, de Boileau, de Piron, de Gilbert, de Chaulieu, de
Crébillon, de J.-B. Rousseau, de Lebrun, etc., sur les élections du président de Mesmes, de La Loubère, de Bissy, etc., etc. On consultera avec
fruit sur ce sujet les *cinq années littéraires de* Clément, lettre 55 ; et surtout
le curieux chapitre intitulé *l'Académie*, du volume de M. Félix Devel sur *le
Quatrain, son rôle dans l'histoire et dans les lettres*, etc... Paris, Dentu, 1871,
in-12 (153-174). Presque toutes les épigrammes satiriques sur les élections

ou les candidatures s'y trouvent rassemblées. Nous n'y avons cependant pas rencontré celle-ci, que nous prenons dans l'*Esprit des journaux*, sur la réception d'un agronome à l'Académie :

> Cérès pour P... vote à l'Académie,
> Il m'a servi, dit-elle... Eh ! mais, ma bonne amie,
> Des travaux sur le bled qu'avons-nous donc besoin ?
> Vous savez bien qu'ici nous sommes pour le foin.

Nous ne la donnons pas pour la meilleure.

198. — Lettre de M. de la Monnoye à M. P***, et lettre de M. le cardinal de Polignac à M. le cardinal d'Estrées, au sujet de l'élection de M. de la Monnoye à l'Académie française, à la place de M. Régnier des Marais. (Décembre 1713.) — Publiées dans les *Mélanges historiques et philologiques* de Michault, II, 392-396.

199. — En-dehors des renseignements que fournissent les histoires de l'Académie et les nombreuses études sur *l'abbé de Saint-Pierre*, nous ne trouvons à signaler de spécial touchant l'exclusion de cet académicien que la lettre de l'abbé d'Olivet au président Bouhier, du 18 janvier 1730 publiée par M. Livet, en appendice au deuxième volume de son édition de l'*Histoire de l'Académie*, par Pellisson et d'Olivet.

On sait que l'abbé fut exclus à cause de son livre intitulé : *Discours sur la Polysynodie* où l'on démontre que la polysynodie ou la pluralité des conseils, est la forme de ministère le plus avantageux pour un roi et pour son royaume. Londres, Tonson, 1718, in-4, et Amst., Duvillard, 1718, in-12.— Cet ouvrage dont on a un compte rendu dans l'*Europe savante*, septembre 1718, était rempli de réflexions hardies contre le règne de Louis XIV et parut un crime d'État. Le régent ne fut cependant pas de cet avis, car il défendit à l'Académie de remplacer l'abbé avant sa mort. Fontenelle seul avait voté contre l'exclusion.

200. — *Lettre de M. l'abbé d'Olivet*, de l'Académie française à M. le président Bouhier, où il répond aux objections faites contre l'usage de demander et de solliciter avant que d'être reçu à l'Académie, etc. (Voir notre n° 41.) Il y eut à cette occasion plusieurs écrits satiriques que nous n'avons pas retrouvés.

200 bis. — *Montesquieu* : sa réception à l'Académie française et la deuxième édition des *Lettres persanes*. Paris, Didier. s. d. (1872) in-8 ; signé L. V. (Louis Vian). — Voir aussi Voltaire, *Le Siècle de Louis XIV*. On prétend que pour être élu, Montesquieu dut corriger la première édition.

201. — On trouve des détails sur les motifs de l'exclusion de la candidature de Piron pour succéder à l'archevêque de Sens, Languet, dans les *OEuvres de Piron*, 1776, t. IX, note de l'épigramme intitulée : Paul Piron à Pierre Maupertuis. On connaît son épitaphe, composée par lui-même :

> Ci gît Piron qui ne fut rien,
> Pas même académicien.

Voir aussi les *Mémoires secrets* de Bachaumont, t. VI, p. 297, et la *Correspondance de Grimm*, t. I, p. 30.

202. — *Voltaire et le président de Brosses*, ou une intrigue académique au dix-septième siècle.— Chapitre des *Causeries du lundi*, par Sainte-Beuve. Paris, Garnier, tome VII, pp. 105-207.

203. — Lettre au président de Ruffey sur *l'Élection du comte de Clermont* à l'Académie française. Paris, 1753, in-4. — Cette lettre est de l'abbé J.-B. Le Blanc. — On sait que le comte de Clermont était prince du sang, et qu'on agita la question de savoir s'il devait être appelé Monseigneur, discussion renouvelée pour le cardinal Maury et pour le duc d'Aumale.

204. — *Élection de M. de Chatcaubrun* à l'Académie française. — Article de *l'Année littéraire*, 1755. II (68-70).

205. — Annulation des élections de Delille et Suard en 1772. — M. Charles Nisard a donné de curieux détails sur cette affaire, dans l'intéressant volume intitulé : *Mémoires et correspondances historiques et littéraires inédits de 1726 à 1816*. Paris, Michel Lévy, 1858, 1 vol. in-12. La plupart des pièces qui composent ce recueil avaient déjà paru dans la *Revue contemporaine*, et toutes sont tirées des papiers de Suard, mort en 1817, à quatre-vingt-trois ans, secrétaire perpétuel de l'Académie.

Il faut y signaler en particulier le chapitre vi intitulé : *Élections, exclusions et scandales académiques*, presque tout entier consacré à l'historique de l'annulation de l'élection Delille et Suard. On y remarque surtout des lettres du duc de Nivernais, du prince de Bauveau, de Suard, de Saint-Lambert et de Morellet, et la mention de lettres du roi du 6 avril 1772, sur le choix des élections et les lectures en séance ; du 10 mai, annulant les élections de Delille et Suard ; du 28 juin, permettant aux exclus de se remettre sur les rangs.

On rencontre aussi des détails sur l'annulation des élections de Delille et de Suard dans les *Mémoires secrets* de Bachaumont, VI, 153-158 et 162, 181, dans les *Mémoires de Garat* sur Suard, et dans la correspondance de Grimm, VIII, 33, etc., etc.

206. — Les *Mémoires secrets* de Bachaumont contiennent une foule de détails sur les élections académiques ; en particulier sur celles de :

Voisenon, Radonvillers et Marmontel (1762 et 1763), I, 109, 130, 165-167, 196, 209, 266, 319, 324, 336, 337 et II, 20.

Condillac (1768), IV, 134, 174. — Roquelaure (1770), V, 220, 222, 231.

De Belloy (1771), VI, 21, 22. 57. — Arnaud (1771), XIX, 297, 303, 310.

Bréquigny et Beauzée (1772), VI (158-163), 181, VII (159-164), 195 et XXIV, 178.

Malesherbes (1774-1775), VII, 270, 285, 297.

Duras (1775), VIII, 14, 31. — Boisgelin (1776), VIII, 295, 30.

La Harpe (1776), VIII, 206, 207, 211, 212, IX, 162.

Colardeau(1776), IX, 87, 123. — Millot (1777), X, 307, 385, 398.

Ducis (1778), XII, 34, 41, 74, 197, 228, 231, XIII, 269, 270, 273.

Chabanon (1779), XIV, 299, 301, 348.

Le Mierre et de Tressan (1780), XV, 275, 280, 287 et XVI, 89, 98, 99, 111.

Condorcet (1782), XX, 20, XXI, 106, 113.

Bailly et de Choiseul (1783), XXIV, 85, 86.

Montesquiou, (1784), XXV, 316 et XXVI, 15.

Maury (1784), XXVII, 89, 109. — Target (1784), XXVII, 108, etc., etc.

207. — *A l'Institut national*, sur a destitution des citoyens Carnot, Barthélemy, Pastoret, Suard et Fontanes, par leur collègue, J. de Sales. Paris, 25 ventôse an VIII, in-8. — (Voir le Catalogue de la Bibliothèque nationale.)— Il faut joindre à ce document une pièce s. l. n. d., in-8, ayant pour titre : *J. de Sales aux membres de l'Institut national rassemblés en séance générale.*

208. — Chapitre VII fort intéressant des *Mémoires et Correspondances historiques et littéraires de Suard*, publiés par M. Ch. Nisard, et précédemment cités ; portant pour titre : « Suppression des Académies, — Création de l'Institut, — Rétablissement de l'Académie française, sous le titre de deuxième classe de l'Institut. » — On accuse Suard d'avoir beaucoup contribué à l'élimination de neuf de ses collègues en 1816 : il est vrai que Garat, l'un d'eux l'en défend dans ses mémoires. — Voir à ce sujet une lettre de Suard à M. de Vaublanc publiée par M. Taschereau dans la *Revue restrospective*, II, 423, sous le titre de : *Dénonciation contre l'organisation de l'Institut et le personnel de l'Académie Française.*

209. — Epître à l'Académie française, sur la proposition du rappel de M. Arnault, et autres poésies nouvelles, par J. L. La Montagne. — Paris, imp. Patris, 1819, in-8, 24 p.

210. — Pétition à la Chambre des députés par M. P. Barthélemy, à l'effet d'obtenir la réintégration à l'Institut de MM. Grégoire, Arnault et Etienne. Paris, les marchands de nouveautés (imp. Scherff), 1822, in-8, 16 p.

211. — Au sujet du rappel d'Arnault, on trouve un assez grand nombre d'articles dans la *Minerve française*, en particulier les deux suivants, par Lacretelle : « Sur le rétablissement des Académies et l'exclusion d'un grand nombre de membres du ci-devant Institut (mars 1818, p. 555-563) ; » et « sur la délibération de l'Académie française, du 3 novembre 1818, concernant M. Arnault, l'un de ses anciens membres. On trouve aussi, dans la livraison de février 1818, une lettre d'Arnault à Messieurs de l'Académie, « pour les remercier de la preuve éclatante d'intérêt qu'ils viennent de lui donner.» — On sait qu'Arnault avait été exclu de l'Académie par décret, à la seconde Restauration, en 1815, et que, réélu avec l'approbation du roi, Il devint secrétaire perpétuel de la Compagnie.

212. — Articles spéciaux de la *Revue des Deux-Mondes*, sur les élections académiques :

A. — Élections académiques, candidats aux fauteuils vacants de MM. Michaud et de Quélen. — (Anonyme). 15 février 1840.

B. — Élections de MM. le comte Molé et Flourens, par Ch. Labitte. 1er mars 1840.

C. — Candidature de M.Victor Hugo à l'Académie.—(Anonyme). 15 juin 1840.

D. — Élections de M. le duc de Noailles et de M. le comte Alexis de Saint-Priest, par A. de Pontmartin. 1er février 1849.

213. — Articles de M. Taxile Delord dans le *Siècle* : M. le comte de Falloux, candidat à l'Académie ; 3 mars 1856 ; — Les candidats à l'Académie, 17 mars de la même année.

214. — *L'Académie française et son dernier élu*, article sur M. de Falloux, par M. Quérard, dans la revue littéraire intitulée *Le Quérard*, 2me année, livraison d'avril 1856, in-8 ; article satirique suivi d'une notice biographique et bibliographique fort complète sur M. le comte Falloux du Coudray.

215. — *Un savant à l'Académie française* (à propos de l'élection Biot). Chapitre du volume intitulé *Lettres satiriques et critiques*, avec un défi au lecteur, par Hippolyte Babou. Paris, Poulet-Malassis, 1860, in-12 (p. 353-367).

216. — *Avertissement à la jeunesse et aux pères de famille sur les attaques dirigées contre la religion par quelques écrivains de nos jours*. — Paris, Douniol, 1863, in-8. — Cette brochure de Mgr Dupanloup était dirigée contre la candidature académique de M. Littré, qui, en effet, échoua. M. de Carné fut élu. — Voir à ce sujet le n° 217.

216 bis. — *Des prochaines élections de l'Académie*. — Article de M. Sainte-Beuve, inséré dans ses *Nouveaux Lundis*. Paris, Michel Lévy, 1862, I (384-408), au sujet des successions de M. Scribe et du P. Lacordaire. — Article important où il propose de diviser l'Académie en huit sections de cinq membres chacune.

217. — *Causeries parisiennes*, par Horace de La Gardie (Mme de Peyronnet). Paris, Charpentier, 2 vol. in-18. On y remarque les articles suivants : Sainte-Beuve et l'Académie, à propos des successions Scribe et Lacordaire, I (256-262) ; — Échec de la candidature Littré, II, 262, etc. ; Élection Dufaure, II, 285, etc.

218. — *Un candidat à l'Académie française*, — satire faisant partie de la *Petite Némésis*, par A. Millaud. Paris, Lemerre, 1869, in-8, p. 35.

219. — *Lettres d'un passant*, par Arthur de Boissieu. On y remarque les articles suivants :

Les Élections de l'Académie dans la 2me série. Paris, Maillet, 1869, in-12 ;

et l'*Académie française et M. d'Haussonville*, dans la 3me série publiée sous le titre de : *Les Vivants et les Morts*. Lemerre, 1870, in-8.

220. — L'*Élection de M. Littré à l'Académie française*, suivi d'une réponse au *Journal des Débats*, par Mgr Dupanloup. Paris, Douniol, 1872, in-8, 32 p. — Cette brochure est la reproduction des observations que Mgr Dupanloup fit à l'Académie contre la candidature Littré, renouvelée en 1871. On sait que M. Littré, ayant été élu le 3 décembre 1871, malgré ces observations, Mgr Dupanloup adressa au directeur de l'Académie une démission qui ne fut pas acceptée. (Voir, sur cette affaire, tous les journaux du temps, en particulier le *Polybiblion*, janvier 1872, à la chronique, t. VII, p. 33.)

220 *bis*. — *Les Quarante sans Suisse*. — Article de M. A. de Pontmartin, inséré dans ses *Nouveaux samedis*. Paris, Michel Lévy, 1875, in-18, XII (265-179), au sujet de l'échec de la première candidature de M. Jules Simon en 1875.

VII

TRAVAUX COLLECTIFS DE L'ACADÉMIE FRANÇAISE OU D'ACADÉMICIENS.

221. — *Les Sentimens de l'Académie françoise sur la tragi-comédie du Cid.*
Paris, Camusat, 1638, in-8, 192 p., privilége daté du 26 novembre 1637. —
Seconde édition : Paris, G. Quinet, 1678, pet. in-8, 183 p. — Et encore J.-B.
Coignard, 1701, in-12, 128 p. — Plusieurs fois réimprimé à la suite de
l'*Histoire de l'Académie française*, par Pellisson.

On trouve des appréciations ou des critiques sur cet important ouvrage,
dans la plupart des histoires de la littérature française et dans toutes les
vies de Corneille; en particulier dans les études de M. Taschereau, de M. Ed.
Fournier, de MM. Hyp. Lucas et Marty-Laveaux. Nous en avons longuement
parlé dans notre essai sur Chapelain, publié dans la *Revue de Bretagne
et de Vendée*, aux livraisons de mars à décembre 1875. — M. Émile Picot,
dans sa *Bibliographie cornélienne*, cite, de plus, au n° 1382, un manuscrit de
la bibliothèque Sainte-Geneviève (Y, 458, in-4 Rés.), intitulé : *Observations
sur les sentimens de l'Académie françoise.* Il est possible, dit M. Picot, qui
cite le début de cette apologie du *Cid*, que ces *Observations* aient été imprimées, et que l'Académie, à l'adresse de qui elles contiennent une assez vive
critique, ait obtenu la suppression de l'édition. La copie de la bibliothèque
Sainte-Geneviève est d'une belle écriture de la première moitié du dix-
septième siècle, et fait partie d'un recueil qui a dû être formé vers 1650.

Nous ne citerons pas ici toutes les brochures auxquelles donna lieu
l'affaire du *Cid*; il nous suffit de renvoyer, sur ce sujet, au chapitre XIX de
la magnifique *Bibliographie cornélienne* de M. Picot, intitulé : « Dissertations
critiques, pièces de théâtre et parodies relatives aux ouvrages séparés de
Corneille. » Nous nous contenterons de rapporter le titre des pièces directement soumises à l'Académie pour introduire l'instance qui devait aboutir
aux *Sentimens*. Ce sont les suivantes :

A. — *Observations sur le Cid*, à Paris, aux despens de l'autheur, 1637, in-8,
96 p. — Cette critique est du fameux Scudéry, qui la réimprima la même

année au moins trois fois, avec l'*Excuse à Ariste*, de Corneille, et, la dernière fois, sous le titre de : *Les fautes remarquées en la tragi-comédie du Cid*.

B. — Lettre de M. de Scudéry à l'illustre Académie. Paris, Antoine de Sommaville, 1637, in-8, 11 p. — C'est la lettre d'envoi, à l'Académie, des *Observations* précédentes, pour soumettre le procès à son jugement. C'est en même temps une réponse à une brochure intitulée : *Lettre apologétique*, que Corneille venait de publier pour dénoncer Scudéry comme l'auteur des *Observations*.

C. — La Preuve des passages allégués dans les Observations sur le Cid. A Messieurs de l'Académie, par M. de Scudéry. — Paris, Antoine de Sommavelle, 1637, in-8, 14 p. — M. Picot a donné de curieux extraits de ces deux brochures dans sa *Bibliographie cornélienne*, nᵒˢ 1364 et 1365.

Ces trois articles, A, B, C, ont été réimprimés en 1637, avec beaucoup d'autres concernant le procès, dans le *Recueil des bonnes pièces qui ont été faites pour et contre le Cid*, par les bons esprits de ce temps. — Paris, Nicolas Traboüillet, 1637, in-12. — Citons enfin :

D. — Lettre de M. de Balzac à M. de Scudéry, sur ses observations du *Cid*, et la réponse de M. de Scudéry à M. de Balzac. Avec la lettre de M. de Scudéry à Messieurs de l'Académie françoise, sur le jugement qu'ils ont fait du *Cid* et de ses observations. — Paris, Aug. Courbé ou Antoine de Sommaville, 1638, in-8, 34 p.

E. — Le Cid, tragédie en cinq actes de Corneille, changée sur les observations de l'Académie française. Lausanne, 1780, in-8.

Nous renvoyons, du reste, au sujet du procès du *Cid* devant l'Académie, à ce que nous avons dit sur le discours de réception de M. Alexandre Dumas (nᵒ 193), et à la correspondance de Chapelain, dont les extraits spéciaux ont été publiés par MM. Taschereau et Livet.

222 — *Épître de Boisrobert à Balzac* sur les occupations de l'Académie, écrite vers 1645 et imprimée dans les *Épîtres* du sieur de Boisrobert Métel, abbé de Châtillón. Paris, Cardin-Besogne, 1647, in-4. — M. Livet l'a reproduite dans son appendice au premier volume de l'*Histoire de l'Académie*, par Pellison et d'Olivet.

223. — *La Parnasse allarmé pour les dictionnaires*. Paris, 1649, in-12. — Cette pièce, qui figure au nᵒ 62 du *Supplément à la Bibliographie des Mazarinades* de M. Socard, Paris, Menu (1876), in-8, n'est autre chose que celle qui est beaucoup plus connue sous le nom de la seconde édition : *Requête présentée par les Dictionnaires* à Messieurs de l'Académie pour la réformation de la langue française. Paris (1652), in-4.

C'est une satire de Ménage, en vers de huit pieds, qui courut d'abord manuscrite, « qu'un imprimeur, écrivait Pellisson en 1653, a publiée d'abord avec beaucoup de fautes, et qui, depuis, a été imprimée plus correctement in-4. » L'édition en petit est l'in-12 du *Parnasse allarmé*. L'édition in-4 a été donnée par Ménage lui-même.

Cette satire qui ferma les portes de l'Académie à Ménage, a été réimprimée dans les diverses éditions des *Menagiana*, au tome IV, depuis celle de Paris, Delaulne, 1715, 4 vol. in-12, donnée par La Monnoye, et reproduite, sauf les cartons, à Amsterdam, 1716 ; Paris, 1729 ; Amsterdam 1762 ; toujours en 4 vol. in-12, et tome II à IV de la collection des *Ana*. Paris, 1789-91, 10 vol. in-8.

M. Ch. Asselineau a publié la Requête, en appendice au deuxième volume des *factums de Furetière*. Paris, Poulet-Malassis, 1859, 2 vol. in-12 (voy. ci-dessus), et M. Ch. Livet, en appendice à son édition de l'*Histoire de l'Académie* par Pellisson et d'Olivet.

224. — *Response au Parnasse alarmé*, par l'Académie françoise. — S. l., 1647, in-4, 6 p. — En vers de huit syllabes. L'auteur du *Parnasse alarmé*, dit M. Socard, qui cite cette réponse dans son *Supplément à la bibliographie des Mazarinades*, s'exprimait en fort bons termes et voulait ramener l'Académie au style de Rabelais et d'Amyot. L'auteur de la *Response,* en six strophes de dix vers chacune, ne donne que des injures.

225. — *Les Sentiments de l'Académie française* sur la signification du mot *Rabougri,* recueillis des lettres de deux académistes, écrites au sieur Naudé. — Publiés à la suite d'un petit livre intitulé : « Copie de deux lettres écrites, par M. Philippe Chifflet, abbé de Balerne, à un de ses amis touchant le véritable auteur des livres de l'Imitation. » Paris, 1651, et reproduites par M. Livet en appendice au premier volume de l'*Histoire de l'Académie* par Pellisson.

226. — Travaux de la *Petite Académie* ou *Académie des médailles,* berceau de l'Académie des inscriptions et belles-lettres, depuis l'année 1663 jusqu'à la fondation définitive de celle-ci en 1701. Voir au tome I de l'*Histoire de l'Académie des Inscriptions,* Paris, imprimerie royale, 1736, in-4. Nous citerons en particulier le : « sujet des dessins des tapisseries du roi, tels qu'on les voit dans le recueil d'estampes et de descriptions qui en a été publié ; la description du Carrousel ; les devises pour les jetons du trésor royal ; des parties casuelles, des bâtiments et de la marine ; et l'histoire du roi par les médailles. » — Cette petite académie n'était en réalité qu'une commission de quatre membres de l'Académie française. Les quatre premiers furent : Chapelain, de Bourzeis, Charpentier et Cassagnes.

227. — *Observations de l'Académie française* sur les remarques de M. Vaugelas. — Paris, J.-B. Coignard, imprimeur du roy et de l'Académie, 1704, 1 vol. in-4, 618 p. C'est une édition des remarques de Vaugelas sur la langue française, avec des observations particulières à la suite de chaque remarque. — (Voyez, à ce sujet, l'abbé d'Olivet, *Hist. de l'Acad.*, II, 54.)

Seconde édition, revue et augmentée : La Haye, 1705, 2 vol. in-12. Voir sur ces observations, les *Nouvelles de la république des lettres*, mai 1795, p. 592 et juillet 1705, p. 61, etc.,— et le *Journal des savants*, 1705, p. 514.

On joint ordinairement à cet ouvrage les observations particulières de Thomas Corneille et de Patru sur les remarques de Vaugelas. On les trouve dans l'édition de Vaugelas. Paris, Nully, 1738, 3 vol. in-12. — Celles de Thomas Corneille avaient déjà paru en 1687, à la suite d'une édition de Vaugelas, et celles de Patru en 1694, à la fin de ses œuvres diverses.

228. — *Discours sur le sujet des conférences futures de l'Académie françoise* (par F. Charpentier). S. l. n. d., in-4. — Cité par Barbier, d'après un catalogue manuscrit de l'abbé Goujet.

229. — *Cahiers de remarques sur l'orthographe française*, pour être examinez par chacun de Messieurs de l'Académie avec des observations de Bossuet, Pellisson, etc. Publiés avec une introduction, des notes et une table alphabéthique, par Ch. Marty-Laveaux. Paris, 1863, petit in-12.

230. — *Remarques et décisions* de l'Académie françoise, recueillies par M. L. T. (l'abbé Tallemant). Paris, 1698, in-12. — L'abbé d'Olivet nous apprend que l'abbé Tallemant avait tenu la plume au premier bureau établi pour la révision du dictionnaire avant la 2e édition. Ces remarques sont le résumé des observations faites en séance. L'abbé de Choisy tenait la plume au second bureau ; mais on trouva que sa rédaction était trop enjouée et on ne l'autorisa pas à la publier de la même façon. Elle l'a été plus tard par l'abbé d'Olivet, sous le titre de *Journal de l'Académie françoise*. (Voir le n° 237 ci-dessous.)

231. — *Premier discours de M. l'abbé de Saint-Pierre, sur les travaux de l'Académie françoise.* — « Ce discours fut communiqué en manuscrit au mois d'octobre 1712. On en retira quarante copies, pour les quarante académiciens sur la fin de 1713. Il a été revu depuis par l'auteur ; il y a fait quelques additions qui sont la plupart en italique.» Tel est l'avis qui se trouve à la fin du discours imprimé en 1717, en tête de *l'Histoire de l'Académie françoise*, par M. Pellisson. Amsterdam, Frédéric Bernard, 1717, in-12. — On ne le retrouve pas dans les œuvres de l'abbé de Saint-Pierre publiées à Amsterdam en 14 vol. in-12, de 1738 à 1740. C'est un traité complet, en 14 articles, sur les travaux auxquels devrait se livrer l'Académie, et sur la méthode avec laquelle elle devrait les exécuter. L'abbé de Saint-Pierre n'avait pas encore publié son discours sur la Polysynodie (1718), qui le fit exclure de la compagnie.

232. — *Second discours* de M. l'abbé de Saint-Pierre, donné le 26 mai 1714, sur les travaux académiques. — Imprimé à la suite du précédent, en tête de *l'Histoire de l'Académie*, par Pellisson, Amsterdam, Bernard, 1717, in-12. — Ce nouveau discours est presque uniquement consacré à la grammaire qui devrait être composée par l'Académie. Nous remarquerons que l'abbé de Saint-Pierre, après son exclusion, ne fit pas réimprimer ces deux discours

dans ses œuvres; on n'y trouve, au tome IV, qu'un *Projet pour rendre l'Académie des bons écrivains plus utile*. Voir un compte rendu, dans les *Observations* sur les écrits modernes, lettre 42. (Voy. aussi l'*Histoire critique de la république des lettres*, par le sieur Masson.)

233. — *Avis de M. de Valincour* sur les occupations de l'Académie (1714). — Imprimé à petit nombre et cité par l'abbé de Saint-Pierre dans son second discours. — Nous ne l'avons jamais rencontré. — Valincourt, dit l'abbé de Saint-Pierre, demandait que l'on examinât dans les conférences des *observations* sur les meilleurs auteurs, à l'exclusion d'une *grammaire*.

234. — *Avis de M. l'abbé Genest* sur les occupations de l'Académie (1714). — Cité en manuscrit par l'abbé de Saint-Pierre, dans son second discours. L'abbé Genest, dit Saint-Pierre, voulait, à l'inverse de Valincourt, qu'on prît la résolution de composer une *Grammaire française* dans toutes les formes à l'exclusion des *observations*.

235. — *Fénelon*. Lettre à M. Dacier, secrétaire perpétuel de l'Académie française sur les occupations de l'Académie. Paris, 1716, in-12. — Réimprimée dans presque tous les recueils des œuvres de Fénelon, et, en particulier, à la suite de ses *Dialogues sur l'éloquence*. Paris, 1718, in-12, avec une curieuse préface de Ramsay. Nous citerons aussi, au tome III de l'édition Didot, 1787, in-4, un *Mémoire sur les occupations de l'Académie française*, qui ne paraît pas identique avec la lettre précédente. — Voir, sur cette lettre, ses précédents et ses suites, l'excellente histoire de la querelle des anciens et des modernes de M. H Rigault. *OEuvres complètes de M. Rigault*. Paris, Hachette, 1859, 4 vol. in-8, tome 1.

236. — *Examen d'Athalie par l'Académie française*. Cet examen fut fait en 1730, conformément à une décision prise en 1719, à la suite du mémoire de Fénelon. — Dubos tint la plume et d'Alembert livra plus tard le manuscrit à La Harpe pour le publier, à la suite de son commentaire de Racine, mais tous les deux lui firent subir d'abord un grand nombre de changements. — M. le marquis de La Rochefoucauld-Liancourt a rétabli le texte vrai dans ses *Études inédites de J. Racine*. Paris, Amyot, 1856, in-8.

237. — *Opuscules sur la langue française par divers académiciens*. Paris, Brunet, 1754, in-12. — L'éditeur de ce livre est l'abbé d'Olivet, et les divers académiciens sont, avec lui, les abbés de Dangeau et de Choisy, Huet et Patru. On y remarque, en particulier, des *Essais de grammaire* par Dangeau : un *Journal de l'Académie française* par l'abbé de Choisy; une dissertation sur les participes passés par d'Olivet. — Il y a un compte rendu de ce livre dans l'*Année littéraire* pour 1755, I (73-87). Dans le même volume de l'*Année littéraire* on trouve (143-159), un compte rendu sur un « essai de grammaire française ou dissertation contre les prétérits composés de notre langue contre MM. d'Olivet et Duclos, par M. l'abbé de P. » Sur ce même sujet, nous ajouterons qu'on pourra recueillir des détails intéressants dans la préface

des *Remarques sur la langue française* par l'abbé d'Olivet. Paris, Barbou, 1771, in-12.

238. — *Poetarum ex Academia Gallica qui latine aut græce scripserunt carmina*. Parisiis, apud Antonium Boudet, via Jacobea, 1738, in-12, 372 p. — Ce volume, dont le véritable éditeur est l'abbé d'Olivet, est précédé d'une dédicace latine de l'imprimeur Ant. Boudet : *Academiæ gallicæ XL viris*. On y lit des vers latins de Huet, Fraguier, Boivin, Massieu, La Monnoye, d'Olivet, et des poésies grecques de Boivin (οινοπιών), Massieu et La Monnoye. — Il y en a un compte rendu dans les *Observations sur les écrits modernes*. XVI (337-342).

239. — *Dialogue sur le dictionnaire* promis par MM. de l'Académie française. — C'est le 21ᵉ des *Dialogues satyriques et moraux* du sieur Petit. Paris, Guéroult, 1688, in-12. — Plaintes sur la lenteur de la composition du dictionnaire.

240. — *Dictionnaire de l'Académie française*. Paris, Coignard, 1694, 2 vol. in-folio. — L'épître dédicatoire au roi est de Charpentier et la préface est de Valincourt.

Le *Recueil des pièces curieuses et nouvelles*, publiées à la Haye, en 1694 (pet. in-12), a donné une seconde préface composée par le secrétaire perpétuel Regnier des Marais. Il y eut aussi deux autres épîtres dédicatoires ; — l'une par Perrault, qu'il fit imprimer à quarante exemplaires pour la distribuer à tous les membres de l'Académie, et qui, n'ayant pas été agréée, fut publiée plus tard par l'abbé d'Olivet à la suite de ses *Remarques sur les tragédies de Racine*. Paris, Gandouin, 1738, in-12, avec des observations de Regnier des Marais et de Racine ; l'autre de Tourreil, qu'on trouve dans ses œuvres. Paris, 2 vol. in-4, et qui fut aussi publiée séparément sous le titre de : *Projet d'épître au Roi pour le Dictionnaire de l'Académie*. Paris, 1684, in-12. — M. Livet a reproduit l'épître de Perrault, avec les remarques de l'Académie, en appendice à son édition de l'*Hist. de l'Acad.*, II (482-495).

Il n'est pas besoin de justifier ici le plan du dictionnaire dont on trouvera une excellente apologie dans la *Bibliothèque françoise* de l'abbé Goujet, I, 249, etc.

On sait que le dictionnaire avait été commencé, en 1639, par Vaugelas. L'imprimeur Le Petit l'imprima en 1672 jusqu'à la lettre N et la page 556 : mais on refondit le travail et l'on supprima ces feuilles in-folio dont on conserve des exemplaires, dans plusieurs bibliothèques de Paris, à la Mazarine, à l'Arsenal, à la bibliothèque nationale, etc.

Voir des articles sur cette première édition du Dictionnaire dans la *Bibliothèque universelle*, III (524-528), et IV, 183, etc.; dans les *Nouvelles de la république des lettres*, février 1710, p. 213, etc.; dans la préface du *Dictionnaire français-allemand et allemand-français* de Mathias Cramer. Nuremberg, 1712, 2 vol. in-folio, etc.

Avant de passer aux autres éditions, nous allons décrire les opuscules auxquels la publication de la première donna lieu.

241. *L'Apothéose du Dictionnaire de l'Académie et son expulsion de la région céleste*. Ouvrage contenant cinquante remarques critiques sur ce dictionnaire, auxquelles on en a joint cinquante autres sur divers célèbres auteurs. — La Haye (Paris), Arnout-Leers, 1696, in-12. — Un frontispice gravé, fort satirique, représente Mercure encensant l'autel du dictionnaire, qu'un docteur démolit à coups de masse, tandis qu'une divinité apporte du ciel l'épigraphe : *Immortalitati*. Une banderole qui flotte porte ce vers latin :

> *Numen et ara ruunt : Fugiet quoque fumus inanis.*

Au dos du faux-titre, on lit une épigramme sanglante qui commence ainsi :

> Je suis ce gros Dictionnaire
> Qui fus un demi-siècle au ventre de ma mère.
> Quand je naquis, j'avois de la barbe et des dents :
> Ce qu'on ne doit trouver fort extraordinaire
> Attendu que j'avois l'âge de cinquante ans,... etc...

Cette brochure satirique en prose et en vers, assez enjouée, mais beaucoup trop mordante, a été attribuée à Furetière (mort en 1688), à Richelet, à Chastein..... L'abbé d'Artigny, au tome II de ses *Mémoires de littérature*, dit qu'elle fut composée, ainsi que l'enterrement (n° 243, ci-dessous), par un ecclésiastique prisonnier au château de Pierre-Encise et ami de l'abbé Tricault de Belmont.

242. — *Réponse à une critique satyrique* intitulée l'Apothéose du dictionnaire de l'Académie françoise, par M. Mallemant de Messange. Première partie : *Turpe quidem contendere erat, sed cedere visum turpius*. Ovid., Met. A Paris, chez Pierre Ballard, 1696, in-12, 168 pages ; avec dédicace à Monsieur le comte d'Ayen, mestre de camp d'un régiment de cavalerie, et un frontispice gravé, représentant Apollon faisant fouetter, par deux satyres, l'auteur de l'Apothéose portant des oreilles d'âne et s'écriant : *Ah! piget ! Ah! non est tanti*. Ovid.,Met. Mercure descend du ciel avec une épigraphe *Posteritati* et une banderolle flotte dans les airs avec ce vers : *Discite justitiam moniti et non temnere divos*. Virg , Æn.

L'auteur, Mallemant de Messange, est connu par quelques poésies françaises : mais l'abbé Goujet (bibl. fr., I., 289) remarque avec raison qu'il ne mit pas les rieurs de son côté. Les mots d'ignorant, d'âne, de bœuf, de grosse bête, d'impudent, d'insolent, de menteur, etc..... se trouvent presque à chaque page de son volume. L'excuse de l'avertissement est à citer. « Quelques personnes désintéressées en apparence, mais en secret de la cabale du censeur que je reprens, me reprochent mal à propos, dit Mallemant, que, dans ma réponse, il y a des injures. Quand il y en auroit, celui sur qui elles pourroient tomber ayant pris soin de cacher son nom et de se rendre inconnu, elles ne seroient point mauvaises ne pouvant nuire à personue. De plus, quand il y en auroit et qu'elles pourroient nuire, à prendre les choses humainement, on seroit bien en droit d'en dire à un homme qui en a tant dit. Mais c'est se tromper effectivement, que de prétendre qu'il y en ait. Je prouve, il est vray, que ce censeur est ignorant, déraisonnable et de mauvaise foi : mais dès que je le prouve, ce n'est plus injure, etc... »

243. — *L'Enterrement du dictionnaire de l'Académie*, ouvrage contenant la réfutation de la réponse de M. de M. et deux cent quinze critiques, tant sur l'Épître et la Préface, que sur les trois premières lettres du dictionnaire, A, B, C, — s. l., 1696, in-12, 322 p. avec un frontispice gravé, représentant l'enterrement du dictionnaire. L'avertiissement (*sic*) débute ainsi :

« Comme les enterrements qui se font selon l'usage de l'Église sont accompagnés d'appareils et de cérémonies saintes, qui les rendent vénérables. ce qui pourroit donner sujet de dire qu'on a mis ici le mot et la représentation d'un enterrement à un usage profane, on évite ce reproche et l'on arrête court cette objection par l'épigraphe suivante :

> En cet enterrement, lecteur, si tu ne vois
> Point de prestre en surplis, point de cierge, ni croix,
> Ni point de bénitier; veux-tu qu'on te l'explique ?
> C'est que cet Enterré n'estoit pas catholique,

... selon la véritable étymologie de ce mot, qui signifie *universel*, etc. »

Voir sur tout ce débat, les *Mémoires de littérature* de l'abbé d'Artigny, II (214-221).

244. — *Le Dictionnaire des Halles*, ou extrait du dictionnaire de l'Académie françoise. — Bruxelles (Paris), Foppens, 1696, in-12.

Plusieurs auteurs attribuent cet ouvrage à Furetière, mais Barbier (*Dict. des anonymes*), le restitue à Artaud. C'est le recueil de toutes les façons de parler proverbiales et burlesques, insérées et expliquées dans le Dictionnaire de l'Académie.— L'abbé Goujet assure que l'Académie profita pour sa seconde édition de tout'ce que ces satires avaient de bon, et se mit ainsi à l'abri des fautes qu'on lui reprochait.

Pour compléter ce qui concerne la première édition du Dictionnaire de l'Académie, il faut ajouter tout ce que nous avons dit ci-dessus, à propos des *Factums de Furetière :* on y trouve de curieuses comparaisons des cahiers de l'Académie avec les siens.— Voir aussi la curieuse préface du *Dictionnaire de Furetière*.

245. — *Dictionnaire de l'Académie françoise, seconde édition*, Paris, Coignard, 1718, 2 vol. in-fol. Epître dédicatoire, par l'abbé Massieu.

Cette seconde édition a été en grande partie rédigée par le secrétaire Regnier-Desmarais, et l'abbé de Saint-Pierre proposa qu'on inscrivît son nom sur le titre, ce qui ne fut pas adopté. C'est un véritable dictionnaire nouveau, avec un ordre différent et des changements essentiels, en particulier l'ordre alphabétique au lieu de l'ordre des racines.

On en trouve une critique dans le *Journal de l'Europe savante*, mars 1719, art. 1. — Voir aussi le *Pour et contre* (1733) I, 126, et surtout la lettre anonyme, datée du 24 janvier 1727, extraite de la correspondance de l'abbé Bignon et publiée en 1853, par M. H. Bordier, dans le *Bulletin de la Société de l'histoire de France*, puis dans l'*Athenæum*. Tout porte à croire que l'auteur de cette lettre intéressante est l'abbé d'Olivet.

246. — La *troisième édition* du Dictionnaire préparée par André Dacier, fut publiée chez Coignard en 1740, par l'abbé d'Olivet. On en a un bon compte rendu dans les *Observations sur les écrits modernes*, lettre 346, datée du 30 mars 1741, XXIV (3-10). — Voir aussi la Préface du Dictionnaire français, italien et latin de l'abbé Antonini. Paris, Prault, 2e partie, 1743, in-4. La première partie avait paru en 1735.

247. — La *quatrième édition*, retouchée avec soin par Duclos parut chez Brunet en 1762, en 2 vol. in-fol. Elle a été réimprimée plusieurs fois en 2 vol. in-4. En particulier à Nîmes, 1786; Paris, 1789, et Lyon, 1793.

Marmontel préparait une cinquième édition lorsque la Révolution arriva, qui supprima l'Académie. On connaît l'épigramme composée par Lebrun vers cette époque.

> On fait, défait, refait ce beau dictionnaire.
> Qui toujours très-bien fait, reste toujours à faire.

248. — Une édition spéciale fut donnée l'an VI (1798) à Paris, chez Smith, en 2 vol. in-fol., et in-4, avec un discours préliminaire par Garat. On la compte comme la *cinquième édition* du Dictionnaire de l'Académie, quoiqu'elle ait été revue par Sélis, Gence et l'abbé de Vauxcelles, qui n'étaient pas académiciens. Morellet la prit pour telle, car on a de lui en 1800 un « Mémoire » pour les citoyens Bossange, Masson et Besson, libraires, contre les libraires Moutardier et le Clerc, contrefacteurs de la *cinquième édition* du Dictionnaire de l'Académie française. Paris, 1800, in-8.

249. — Du projet annoncé par l'Institut national de continuer le Dictionnaire de l'Académie française. — Paris, Migneret, 1801, in-8, 55 p., par l'abbé Morellet.

L'Institut ne comprenait pas encore la classe spéciale qui fut créée en 1803 et qui reconstituait exactement l'Académie : aussi Morellet, gardien des archives qu'il avait sauvées, s'était-il senti fort ému du projet annoncé. Urbain Domergue, membre de l'Institut et plus tard académicien, est fort maltraité dans cette brochure. Morellet s'était, du reste, déjà moqué de lui dans ses *Leçons de grammaire à un grammairien*, 1795, in-8 18 p.

250. — Nous citerons ici pour mémoire à cause du titre : le Dictionnaire de l'Académie française, nouvelle édition, augmentée de vingt mille articles.

Paris, Moutardier, an X (1802), 2 vol. in-4. Attribué par Barbier à J. Ch. Laveaux.

251. — *Rapport sur la continuation du Dictionnaire de la langue française,* par Andrieux (1804), inséré dans les anciens mémoires de l'Institut, section de littérature et beaux-arts. Tome V.

252. — *Remarques morales, philosophiques et grammaticales sur le Dictionnaire de l'Académie française,* Paris, Renouard, 1807, in-8, 79 p.

Malgré ses critiques, l'auteur, Feydel, déclare que le dictionnaire de l'Académie est encore le mieux fait de tous les dictionnaires de langues vivantes. On trouve un bon compte rendu de cette brochure dans l'*Esprit des journaux* pour 1807. Tome XII (24-31).

253. — *Observations sur un ouvrage anonyme intitulé : Remarques morales philosophiques et grammaticales sur le Dictionnaire de l'Académie française.* Paris, impr. des Sourds-Muets, 1807, in-8, 79 pages.

Ces observations sont de Morellet, et non de Peignot, comme nous l'avons vu indiqué sur plusieurs catalogues. Dans un avertissement, Morellet relève prestement tous les termes injurieux de son adversaire.

La brochure de Morellet fut vivement censurée dans un écrit inséré au *Magasin encyclopédique* année 1808, t. II, 865, etc., et qui fut imprimé à part. Morellet répondit par des :

Additions aux observations contre l'ouvrage intitulé : Remarques etc. — Les deux brochures de Morellet ont été réimprimées dans le tome Ier de ses *Mélanges de littérature.* Paris, Le Petit, 1818, 4 vol. in-8.

254. — *Réimpression* du Dictionnaire de l'Académie. Paris, Didot, 1811. 2 vol. in-4, et s. d. en 1824.

255. — Examen critique des dictionnaires de la langue française, ou recherches grammaticales et littéraires sur l'orthographe, l'acception, la définition et l'étymologie des mots. Paris, Delangle, 1828, in-8, 2e édition, 1829.

Cet examen est de Charles Nodier, qui lança bien des traits contre l'Académie avant son entrée dans le cénacle. Voir, en particulier, ses *Mélanges de littérature et de critique.* Paris, Raynouard, 1820, 2 vol. in-8.

256. — *Sixième et dernière édition* du Dictionnaire de l'Académie française, précédée d'un discours sur la langue française, par M. Villemain. Paris, Didot, 1835, 2 vol. in-4.

La préface est un des morceaux les plus remarquables de la langue française. « Jamais nous n'avons vu nulle part, dit M. Saint-Marc Girardin, les questions qui touchent à la nature et à l'organisation des langues traitées avec cette pénétration et cette justesse d'esprit, avec ce tact délicat et fin surtout avec cette simplicité de bon goût si rare de nos jours. »

Cette édition a été stéréotypée. Dans un second tirage (1835), on a corrigé quelques fautes, et certains clichés ayant été endommagés, de nouvelles corrections ont été faites en les réparant, en sorte que beaucoup d'exemplaires peuvent ne pas se ressembler quoiqu'ils portent la même date.

Nous devons joindre à ce numéro, les ouvrages suivants qui le complètent :

A. — *Complément du Dictionnaire de l'Académie française*, publié sous la direction d'un membre de l'Académie, et par des membres de l'Institut, des professeurs de l'Université, des savants et des artistes. Paris, Didot, 1842, in-4.

Cet ouvrage, contient tous les termes de littérature, rhétorique, grammaire, art dramatique, philologie, linguistique ; histoire, sectes religieuses; chronologie, mythologie, antiquités, archéologie, numismatique, diplomatique, paléographie; philosophie, scolastique ; théologie, droit canon, liturgie, économie politique, législation et jurisprudence ancienne et moderne, anciennes coutumes, féodalité, droit, pratique; diplomatie, administration, titres, charges et dignités ; art militaire, marine, génie, fortifications ; mines, ponts et chaussées ; eaux et forêts, domaines et enregistrement ; monnaies ; poids et mesures ; douanes ; postes; médecine, chirurgie, anatomie, pharmacie, histoire naturelle, physique, chimie ; astronomie, mécanique, algèbre, géométrie ; musique ; peinture, dessin ; architecture ancienne et moderne, sculpture, gravure ; commerce, banque, bourse ; arts et métiers; blason, fauconnerie, chasse, pèche ; escrime, danse, équitation, jeux et divertissements, etc., qui ne se trouvent pas dans le dictionnaire de l'Académie ; auxquelles on a joint : la géographie ancienne et moderne ; le vieux langage et le néologisme.

B. — *Abrégé du Dictionnaire de l'Académie française*, d'après la dernière édition, par M. Lorain, ancien recteur de l'Académie de Lyon. Paris, Didot, in-8. Rédigé d'après le désir qui en a été manifesté par M. le ministre de l'Instruction publique. Cet ouvrage, adopté par le Conseil supérieur de l'Instruction publique, est spécialement destiné aux instituteurs primaires.

C. — *Vocabulaire de la langue française*, par Ch. Nodier; extrait du Dictionnaire de l'Académie, gros volume de 1154 pages, adopté par le Conseil général de l'Instruction publique.

D. — *Petit Dictionnaire de l'Académie française* par les correcteurs de MM. Didot. 1 vol. in-12.

E. — *Petit Vocabulaire de l'Académie française*, d'après la dernière édition du Dictionnaire de l'Académie. 1 volume in-18.

257. — *Le Cabinet secret du Dictionnaire de l'Académie*, ou vocabulaire critique de certains mots qui ne devraient pas se trouver dans le dictionnaire de la docte assemblée, par un membre de plusieurs académies. Paris, Hédouin, 1846, in-12. 357 p. — Inutile d'insister sur une pareille compilation. Il ne manque à ce livret, dit Quérard, que des figures jointes aux soixante et onze mots qu'il donne avec les définitions pour en faire une des productions les plus ordurières de notre langue.

258. — *Remarques sur le Dictionnaire de l'Académie française,* par Pautex. Il faut y joindre deux brochures.

Additions aux Remarques, par le même, 1857, in-8, et *Republication de la consonne N,* par le même.

Tout ces travaux ont été plus tard refondus pour former le n° 260 ci-dessous.

259. — *Nouveau Dictionnaire critique de la langue française,* ou examen raisonné et projet d'amélioration de la sixième édition du dictionnaire de l'Académie, de son complément, du dictionnaire national et autres principaux lexiques, par B. Legoarant aîné, ancien élève de l'École polytechnique, capitaine retraité du génie, auteur d'une orthologie française, etc. — Paris et Strasbourg, V' Berger-Levrault et fils, 1858, gr. in-8.

La préface est fort intéressante. On remarque à la suite du volume un errata de la sixième édition du dictionnaire de l'Académie, une liste des doubles et triples emplois, etc., etc. — M. Legoarant avait déjà donné en 1841 un spécimen de son dictionnaire critique, précédé d'un errata de celui de l'Académie.

260. — *Errata du Dictionnaire de l'Académie française,* ou remarques critiques sur les irrégularités qu'il présente, avec l'indication de certaines règles à établir, 2ᵉ édition, 1862. in-8. La première édition se compose des trois opuscules indiqués au n° 258 ci-dessus.

261. — *Études sur le dictionnaire de l'Académie française,* 2ᵉ édition accompagnée de quelques remarques sur les six premières livraisons du dictionnaire de M. Littré. Paris, Mesnel; 1864, in-18. Ces études sont de François Terzuolo, ancien imprimeur. La première édition, imprimée en 1859, n'avait pas été mise dans le commerce.

262. — *Lettre adressée à l'Académie française* par la Société des correcteurs à l'occasion de la prochaine édition du Dictionnaire, et réponse de M. Villemain, secrétaire perpétuel de l'Académie. — Paris, imp. Thunot, 1868, in-8 16 pages.

263. — *Examen critique* du Dictionnaire de l'Académie française au point de vue surtout de la théorie grammaticale, par l'abbé Gary. Agen, 1873, in-8.

264. — *Dictionnaire historique de la langue française,* comprenant l'origine, les formes diverses, les acceptions successives des mots, avec un choix d'exemples tirés des écrivains les plus autorisés, publié par l'Académie française. Tome Iᵉʳ, en 2 parties (*A. — Actuellement*). Paris, Didot frères 1858-1865 in-4.

Le 1ᵉʳ fascicule, publié en 1858, avec un avertissement, par le rédacteur (M. Patin), fut accueilli avec une grande faveur. « L'avertissement de M. Patin, disait M. Sainte-Beuve (*Causeries du Lundi,* XIV, 217), rappelle la belle préface que Vaugelas a mise en tête de ses remarques. » Voir encore le compte rendu de l'*Année littéraire,* de M. Vapereau pour 1859 (403-409), et deux excellents articles de M. B. Jullien dans la *Revue de l'Instruction publique*, 20 janvier et 3 février 1859. Mais l'œuvre n'ayant pas été continuée, le *Dictionnaire* de M. Littré en a pris la place, et il est probable qu'elle ne sera achevée d'ici à bien longtemps. Voir à ce sujet, dans l'*Année littéraire* pour 1864 (tome VI), le chapitre intitulé : *La grande œuvre du dictionnaire de la langue française par M. Littré.*

Consulter aussi l'*Académie française et son nouveau dictionnaire,* curieux article de M. Ludovic Lalanne, dans la *Correspondance littéraire* du 5 janvier 1859, en partie reproduit par M. Charles Muteau dans son étude de la *Bourgogne à l'Académie française,* précédemment citée.

VIII

CRITIQUES, APOLOGIES, SATIRES ET PIÈCES DIVERSES SUR L'ACADÉMIE.

A. — *Ancienne Académie.*

265. — *Rôle des présentations* faites aux grands jours de l'éloquence françoise sur la réformation de notre langue. S. l. n. d., in-12. — Réimprimé en 1650, à la suite du numéro suivant 266, « mais fort tronqué et changé en diverses sortes. C'est, dit Pellisson, comme un registre de quelques requêtes ridicules pour la conservation ou bien pour la suppression de quelques mots, suivies d'autant de réponses imaginaires de l'Académie. »

L'auteur est très-probablement Charles Sorel, l'auteur de la *Bibliothèque françoise,* de l'*Histoire comique de Francion* et du *Discours sur l'Académie,* cité plus bas, au numéro 268.

M. Ed. Fournier a reproduit la première édition de cette pièce fort curieuse, avec des notes érudites, dans le premier volume des *Variétés historiques et littéraires* de la bibliothèque elzévirienne. (Compte rendu critique par M. Livet dans l'*Athenæum* du 29 décembre 1855.) Il lui attribue la date du 13 mars 1634. Mais il doit y avoir erreur, car l'Académie était à peine fondée et ne comptait encore qu'un très-petit nombre de membres. On sait que ses lettres patentes d'érection ne sont que du mois de janvier 1635 et furent enregistrées en 1637. — M. Livet, qui a donné cette pièce en appendice au premier volume de son édition, de l'*Histoire de l'Académie,* par Pellisson et d'Olivet, a suivi la seconde édition qui présente des variantes notables, et qui, en particulier, porte la date du 13 mars 1646. Cette dernière nous semble plus probable que la précédente, car il est question dans le cours de la pièce de la critique du *Cid,* qui ne parut qu'en 1638. Il est vrai que Sorel, se défendant dans son *Discours sur l'Académie* (voir ci-dessous, no 268) d'être l'auteur de cette pièce, s'exprime ainsi à son sujet : « Je m'estonne que MM. de l'Académie ayent pris garde à un si petit libelle, et qu'ils ayent eu ombrage de ce qui ne les touche guère : car ils peuvent apprendre que la première composition de cette pièce fut plus de quatre ans auparavant l'érection de leur assemblée, et que si depuis l'on y a ajouté quelques articles qui parlent d'eux, ils se doivent réjoüir de ce qu'il y en a quelques-uns à leur avantage, entr'autres celuy qui fait sçavoir que l'abbé de Saint-Germain s'estoit fort abusé dans ses gros libelles qu'il escrivoit en Flandres, lorsqu'il prenoit leur académie pour une assemblée de quelques pauvres pédants qui se faisoit dans la maison du gazetier. »

266. — *La Comédie des académistes* pour la réformation de la langue françoise, pièce comique avec le rôle des présentations faites aux grands jours de ladite académie. — Imprimé l'an de la réforme. S. l. n. d. (1650), in-8, 4 ff. et 72 p. — Quérard (*Sup. litt.*) indique une édition de 1646, in-12, qui nous paraît douteuse.

C'est une comédie satirique en cinq actes et en vers, dans laquelle tous les personnages sont des académiciens désignés par leur nom. La dédicace « aux auteurs de l'Académie qui se mêlent de réformer la langue » est signée Des Cavenets, pseudonyme de Charles de Saint-Evremont.

Des Maizeaux a donné cette pièce sous le titre de : *Les Académiciens*, comédie en trois actes réduite et considérablement modifiée, dans le tome Ier des œuvres de Saint-Evremont. Londres, 1711 et 1714, 6 vol. in-12; 1725, 7 vol. in-12; Amsterdam, 1726, 5 vol. in-12; Paris, 1740, 3 vol. in-4 ou 10 vol. in-12; et 1753, 12 vol. in-12. — Gérard de Nerval a publié cette édition en 1826, sous le titre de : *Les Académiciens*, comédie historique en trois actes et en vers, avec notes et commentaires (Paris, Sanson, 1826,in-32); dans la collection du *Répertoire dramatique en miniature*.

M. Livet a reproduit l'édition de 1650 en appendice à son premier volume de l'*Histoire de l'Académie* par Pellisson, et il a donné en note les principales variantes de l'édition de Des Maiseaux.

267. — Chapitre sur l'Académie dans *Le vray estat du gouvernement de la France en l'année* 1651.

L'auteur de ce petit livre, dit Sorel, « eut la hardiesse d'y insérer le catalogue de Messieurs de l'Académie françoise sans leur sceu et leur aveu : il se trompa lourdement, y ayant nommé des gens qui n'en estoient pas et en ayant tenu pour morts d'autres qui vivent encore : toutefois, nonobstant ces fautes, il lui faut accorder la gloire d'avoir parlé le premier de l'institution de l'Académie, et d'avoir donné en mesme lieu la pluspart des noms de ceux qui la composent, ce qui a peut estre servy d'aiguillon pour leur faire publier leur histoire entière, de peur que quelqu'autre ne l'entreprist à leur dommage et que leur trop long silence ne leur fust nuisible... » *(Discours sur l'Académie*, p. 18.)

268. — *Discours sur l'Académie françoise* establie pour la correction et l'embellissement du langage ; pour sçavoir si elle est de quelque utilité aux particuliers et au public. Et où l'on voie les raisons de part et d'autre sans

desguisement. — A Paris, chez Guillaume de Luynes, au Palais, en la galerie des Merciers, sous la montée de la cour des Aydes, 1634, in-12, 1 f. et 212 p. — Le privilége, daté du 4 février 1647, est au nom de Charles Sorel, s. d. s., pour un livre intitulé *Examen des auteurs.*

Dans un «Advertissement sur ce livre et sur quelques autres qui le doivent accompagner, ou estre imprimez ensuite,» Sorel dit, en effet, que son discours n'est qu'une partie d'un ensemble de traités concernant les sciences, et que son imprimeur a voulu le donner le premier à cause de l'actualité causée par la récente publication de l'histoire de l'académie par Pellisson. Tous ces traités devaient composer « l'Institution générale de l'homme et sa perfection tant pour les cognoissances que pour les mœurs. » Le *Discours sur l'Académie* est une véritable apologie de l'institution, une sorte de complément de l'histoire de Pellisson. On y remarque, en particulier, une discussion très-étendue sur le but de Richelieu lors de la fondation, et des réponses à toutes les objections formulées contre son utilité. — M. Livet en a donné plusieurs fragments en appendice à son édition de Pellisson et d'Olivet.

269. — Sainte-Marthe : Poëme latin en l'honneur de l'Académie. — Ce poëme, cité par Pellisson, ne figure pas dans la collection des Œuvres de Sainte-Marthe, mais on en a la traduction en vers français par Guillaume Colletet, dans les *Œuvres poétiques* de cet académicien (Paris, 1656, in-12.)

270. — *Nouvelle allégorique*, ou histoire des derniers troubles arrivez au royaume d'éloquence. — A Paris, chez Guillaume de Luynes, libraire-juré, au Palais, en la salle des Merciers, *A la Justice*, 1658, in-12, 1 f. et 210 p., avec une grande planche allégorique. — La dédicace, à très-haut et très-puissant prince Msr Henri de Bourbon, évêque de Metz, est signée A. Furetière.

Satire très-curieuse et très-mordante, que le *Dictionnaire des précieuses* de Somaize appelle l'*Histoire des quarante barons*, par allusion aux quarante académiciens : pamphlet de grammairien, dit M. Asselineau, et presque de pédant. Il y en a une « seconde édition, reveüe et corrigée » de la même année 1658, immédiatement contrefaite en Hollande « suivant la copie imprimée à Paris, chez G. de L. » Nous connaissons encore les éditions d'Amsterdam, Raphaël Smith, 1658 ; Paris, 1659 ; — Amsterdam, Jacques Desbordes, 1702, in-12. — Dernière édition, augmentée et plus correcte que les précédentes, par les soins de M. d'Herville, professeur à Utrecht; Utrecht, chez Guillaume Poolsum, 1703, in-12. Il y en a un compte rendu dans les *Nouvelles de la République des lettres*, février 1703.

On a une Défense de l'Académie contre la satire de Furetière, dans la *Relation véritable* de ce qui s'est passé au royaume de Sophie, depuis les troubles excitez par la rhétorique et l'éloquence ; avec un discours sur la Nouvelle allégorique. — Paris, Ch. de Sercy, 1659, in-12.

271. — *Ode pour l'Académie françoise*, Paris, A. Courbé, 1660, in-4. (Cata-

logue de la bibliothèque du chancelier Séguier.) — Elle n'est pas citée par Barbier, et nous n'avons pas retrouvé son auteur.

272. — *Liste de Messieurs de l'Académie françoise en* 1660. — Paris, Pierre Le Petit, imprimeur ordinaire du Roy et de l'Académie, 4 p. in-4.

Cet article devait être joint à l'article analogue de notre chapitre II, mais nous ne le connaissions pas lorsque nous avons imprimé ce chapitre. Nous avons aussi retrouvé depuis, une *Liste de Messieurs de l'Académie françoise en janvier* 1673. — Paris, Pierre Le Petit, etc., rue Saint-Jacques, *A la Croix d'or;* 4 p. in-4. — Cette dernière est précieuse en ce que, outre les dates de réception, elle donne les adresses de tous les académiciens.

Sur ces deux listes, l'abbé Esprit est appelé : « François Esprit, advocat au Parlement. » Nous avons fait de longues recherches sur toute la famille Esprit, » lors de la publication de notre étude sur l'académicien Esprit au troisième livre de notre *Histoire du chancelier Séguier*. Nous avions trouvé, dans tous les documents jusqu'alors connus, qu'il s'appelait Jacques. Ses deux frères se nommaient, l'aîné, oratorien, Thomas, et le cadet, médecin du duc d'Anjou, André.

272 bis. — *Discours au roi sur l'établissement d'une seconde Académie* dans la ville de Paris, par messire Fr. Hédelin, abbé d'Aubignac. Paris, Dubreuil, 1644, in-4, 51 p. M. Livet en a donné une bonne analyse.

273. — *De l'origine et utilité des académies, des assemblées particulières de France.* — Préface aux *Conversations de l'Académie* de l'abbé Bourdelot (Paris, Moette, 1675, in-12), par Gallois.

274. — *Discours sur l'utilité des académies*, par M. l'abbé P. Tallemant le jeune, de l'Académie française. Paris, Coignard, 1675, in-4.

Ce discours, prononcé en séance le 27 mai 1675, a été inséré dans les divers *Recueils des harangues* de l'Académie française. (Voir ci-dessus, au chapitre III.)

275. — *Dialogue d'un gentilhomme narésois avec un Italien.* C'est un pamphlet contre Lebrun et l'Académie que Barbier (*Dict. des anonymes*) attribue à Pierre Simon Jaillot, sculpteur, et qui fut brûlé en place de Grève par la main du bourreau. L'auteur fut condamné, le 12 septembre 1678, à cinq ans de bannissement et 100 livres d'amende.

276. — *Portraits des quarante académiciens*, par rapport à leur personne, à leurs talents et à leur fortune, par Isaac de Benserade, de l'Académie française.— Discours prononcé dans l'Académie le 3 janvier 1685. — Bayle (*Nouvelles de la république des lettres*, janvier 1685) dit que ce discours en vers fut très-applaudi. Nous ne sachions pas qu'il ait été imprimé, sauf peut-être en Hollande. L'abbé d'Olivet dit qu'il en existait de son temps une copie manuscrite à la Bibliothèque du Roi. Voyez aussi le P. Le Long, *Bibl. hist. de la France*.

A propos des *Nouvelles de la république des lettres*, nous remarquons qu'elles contiennent, en novembre 1706, p. 511, etc., un article sur le passage de Le Vassor, contre l'Académie, dans son *Histoire de Louis XIII*, tome VIII.

277. — *Description de l'Académie françoise*, contenant les portraits au naturel de la plupart des personnes de ce corps, par Antoine Furetière, in-4.

Cité par le P. Le Long, d'après le n° 848 du catalogue Barré.

278. — *Discours sur l'utilité des exercices académiques*, par Fr. Charpentier, de l'Académie française. — Paris, Fraland, 1695, in-4.

On trouve deux discours sur le même sujet dans le *Recueil des Jeux floraux* pour 1723.

279. — *Du silence de l'Académie*. — Chapitre consacré à l'Académie dans les *Réflexions sur la critique* de La Motte-Houdart. Paris, Deguin, 1716, in-8.

280. — *Polichinelle demandant une place à l'Académie*, satire en prose par l'académicien Malézieux, pour les divertissements de la cour de Sceaux. Elle fut publiée d'abord dans le volume de Sallengre, intitulé : *Pièces échappées au feu*, A. Plaisance, 1717, in-12. M. Adolphe Jullien l'a reproduite avec un historique et des commentaires dans son intéressante brochure sur *Les grandes nuits de Sceaux et le théâtre de la duchesse du Maine*. Paris, Baur, 1876, in-8.

281. — *Plan et statuts d'une nouvelle académie*, avec des éclaircissements. — Satire par Fréron, in-4.

« Il y a plus de douze ans que l'on connaît cette pièce, disaient les *Jugements sur quelques ouvrages nouveaux*, en 1744. Feu M. l'abbé Goujet, qui étoit fort avide de toutes les pièces manuscrites, avoit recueilli celle-ci, et l'avoit placée dans une collection de toutes les pièces imprimées ou non imprimées concernant l'Académie française, sous le titre de *Bouquet académique*. La personne qui fit mettre à sa mort le scellé sur tous ses effets, et qui a hérité de ses papiers, pourroit en rendre témoignage. Quoi qu'il en soit, cette pièce vient de paraître, et voici ce que j'en pense... etc. » — (*Jug. sur quelques ouvrages nouveaux*. I, 137-143.)

282. — *Lettre de Mademoiselle de Seine*, comédienne ordinaire du roi, à Messieurs de l'Académie françoise, au sujet de la lettre de cachet décernée contre elle, sur la réquisition de Messieurs les premiers gentilshommes de la chambre. — 1733, in-4. — Pamphlet très-rare, daté de Flandres, le 9 mars 1735, et sur lequel on trouvera des détails dans le *Journal de Barbier*, III, 9, et dans le *Pour et le Contre* de l'abbé Prévost, IV (219-220). — L'éditeur du *Journal de Barbier*, Paris, Charpentier, 1866, 8 vol. in-12, l'a reproduite en appendice à la fin du III° volume.

283. — *Projet pour rendre l'Académie françoise plus utile qu'elle n'est*. — Mémoire de l'abbé de Saint-Pierre, après son exclusion, inséré au tome III de ses œuvres politiques. Rotterdam, 1733, 4 vol. in-12. — Voyez ci-dessus au chapitre VII, les n°° 231 et 232.

284. — *Apologie de nos premiers académiciens* (contre Voltaire). Article du *Pour et Contre* de l'abbé Prévost, tome XII (1737), p. 11-15.

285. — Catalogue des livres qui paraîtront dans l'année 1740 de Messieurs de l'Académie française. — Chapitre d'une curieuse satire intitulée : *La nouvelle astronomie du Parnasse françois* ou l'apothéose des écrivains vivans dans la présente année 1740. Sur l'imprimé au Parnasse, chez Vérologue, seul imprimeur d'Apollon pour la satyre en prose, 1740 in-12, 34 p. — Cette satire est du chevalier de Neufville-Montador.

286. — Traits sur l'Académie, dans les *Cinq années littéraires* de Clément (1748-1752), La Haye, de Groot, 1754, II, 187-188.

287. — *Observations* sur ce que la religion a à craindre ou à espérer des académies littéraires, et observations sur la critique qui s'exerce dans les académies pour la perfection du style. — Montauban, 1753, in-12. Cet ouvrage est de l'abbé Yves Valois. On en a une seconde édition de Montauban, 1754, et une troisième d'Amsterdam, 1755, avec le mot *curieuses*, ajouté après *observations*.

288. — *Essai historique sur les académies de France*, par le président de Ruffey. — Publié dans les *Mémoires de l'Académie de Dijon*, en 1763, et dans le *Mercure*, en 1765.

289. — *Des académies de France*, origine des académies, etc., article de la *France littéraire*, 1769, in 8, I, (1-153).

290. — *Lettres sur l'Académie*, insérées dans la *Correspondance secrète* (l'observateur anglais) pour 1776, tome III.

291. — Satires violentes contre l'Académie, dans les journaux du temps : dans les *Annales* de Linguet, en 1779, et dans le *Journal de Monsieur*, rédigé par l'abbé Royou, en 1781. On eut raison de ce dernier, à l'aide de Ducis.

292. — *Des Académies.* — Chapitre v de *l'Histoire de la République des lettres et arts en France*, pour l'année 1782, par R. M. Le Suire. Paris, Quillau (1780-1784), 5 vol. in-12. Gazette entreprise surtout, dit Quérard, pour louer les ouvrages de l'auteur.

293. — *Aux Quarante.* — Épigramme 31 des Épigrammes de Lebrun.

> Dans vos fauteuils honorifiques
> Dormez aussi, beaux endormeurs.
> Sûrs de vos dons soporifiques,
> Bravez les malignes clameurs.
> Qu'importe que des Frérons braillent
> Et vous montrent toujours les dents;
> Les cerbères les plus mordants
> Peuvent-ils mordre quand ils bâillent?

Cela n'empêcha point Lebrun-Pindare de se trouver très-honoré de goûter l'influence soporifique d'un fauteuil. L'Académie s'est ainsi plusieurs fois très-noblement vengée, en appelant dans son sein ceux qui avaient amusé le public à ses dépens : témoin Montesquieu, qui, dans les *Lettres persanes*, n'a pas épargné la compagnie dont il devait devenir une des illustrations. Malgré ses épigrammes et ses satires (voir *OEuvres de Piron* et *Almanach littéraire* pour l'an 1876, p. 4, etc...), Piron lui-même fût entré dans le cénacle, si une ode ordurière composée jadis dans une orgie n'eût empêché sa nomination.

294. — *L'Académie française*. — Chapitre de l'ouvrage anglais intitulé : *Letters to a young Gentleman*, etc. Lettres à un jeune homme sur son départ pour la France, contenant un détail de Paris et un tableau de la littérature française, avec des instructions et des avis pour les voyageurs, etc., etc., par Jean Andrew, docteur ès lois. Londres, Brown, 1784, in-8. — Voir un compte rendu dans *l'Esprit des journaux* pour décembre 1784,

295. — Nombreux extraits inédits des *Registres de l'Académie française*, pour le dix-huitième siècle, dans la série de volumes récemment publiés par M. Desnoiresterres sur Voltaire et son temps : en particulier, dans le dernier : *Voltaire et sa mort*. Paris, Didier, 1875, in-8, p. 365, 401, 403, 409, 426, 430, 439, 441, etc.

296. — Traits satiriques contre l'Académie, dans les recueils d'*Ana* des dix-septième et dix-huitième siècles :

Menagiana, Paris, Delaulne (1693), in-18, p. 30, 40, 124, 209, 327 438, 445, etc.

Bolœana, Amsterdam (1743), p. 67, 68, 74-76, 86, 155, etc.

Longueruana, Berlin (1754), 2 vol. in-12, II, 106, 130.

Segraisiana, Paris (1755), 2 volumes in-12, II, 5, 10, 32, 81, 92, 148, 150, 158, etc., etc.

297. — Nombreux articles sur les faits divers de l'Académie dans les *Mémoires secrets de Bachaumont*. (Voir ci-dessus nos n°s 102 et 163). En particulier, aux passages suivants : I, 129-130, 163; III, 36, 37, 235, 322; VI, 142, 321; VIII, 58, 193-195, 214, 245; IX, 269; X, 332; XI, 139, 191, 192; XII, 11 12, (97-100), 198, 215; XIII, 314-315, 338, 339; XIV, 357; XVI, 137; XVIII, 109; XX, 19; XX, 119, 255; XXI, 41; XXII, 48, 59; XXIV, 73; XXVI, 52, 335, etc., etc.

298. — Articles sur l'Académie dans la *Correspondance de Grimm et Diderot* en-dehors de ceux des n°s 100 et 164; en particulier sur les partis qui la divisent : VII, 252; VIII, 28; sur la prééminence au-dessus de l'Académie des inscriptions, XI, 478, etc., etc.

299. — Articles sur l'Académie dans la *Correspondance littéraire* de La Harpe : IV (313-14), VI, 42, etc.

300. — Détails sur l'Académie dans presque tous les mémoires du temps. On consultera en particulier avec fruit :

A. — *Mémoires de Saint-Simon* (édition Hachette, in-18), III, 73; VII, 143, VIII, 480. — Et ceux de *Conrart* (collection Michaud, t. XXVIII).

B. — *Mémoires de Charles Perrault.* Avignon (1759) in-12, p. 130, etc.

C. — *Journal de Barbier* (édition Charpentier, in-18), II, 445; III, 330; IV; 146; VII, 365; VIII, 196, 199, 204, 211, 223, 237.

E. — *Journal de Dangeau,* Paris, Didot, 19 vol. in-8, *passim.*

F. — *Journal de Mathieu-Marais,* Paris, Plon, 4 vol. in-8, *passim.*

G. — *Journal du duc de Luynes,* Paris, Didot, 18 vol. in-8, *passim.*

H — *Mémoires de l'abbé Morellet.* Paris, Ladvocat, 1831, 2 vol. in-8.

I. — *Mémoires de Garat sur Suard,* Paris, Belin, 1820, 2 vol. in-8.

K. — *Mémoires d'un père pour servir à l'instruction de ses enfants, par Marmontel.* Paris, Throuët, 1805, 4 vol. in-8.

M. — Les correspondances de *Chapelain,* de *Patru,* de *Boileau,* de *Bussy-Rabutin,* de Mme *de Sévigné,* de *Voltaire,* de Mlle *de Lespinasse,* de Mme *du Deffant,* etc., etc.

301. — *Séance extraordinaire et secrète de l'Académie française,* tenue le 30 mars 1789 à l'occasion des États généraux. S. l. n. d. (Paris 1789), in-8, 62 p. — Pièce satirique fort curieuse, dans laquelle les académiciens sont désignés sous des pseudonymes assez transparents pour que la clef soit très-facile à établir.

302. — Violente attaque de Palissot contre l'Académie, dans la *Chronique de Paris,* 1er août 1790. — (Voir, à ce sujet, l'*Histoire de l'Académie* par M. Paul Mesnard.)

303. — *Des Académies,* Paris 1791, in-8. — Violente diatribe par l'académicien Chamfort, sous forme de rapport à l'Assemblée constituante. Elle devait être lue à la tribune par Mirabeau, mais la mort du célèbre orateur empêcha la lecture. Ce témoignage de noire ingratitude, envers un corps qui jadis avait accueilli son auteur avec une faveur marquée, a été conservé au t. Ier des œuvres de Chamfort recueillies par Ginguené, Paris, an III 1795, 4 vol. in-8; par Colnet, Paris, Colnet, 1808, 2 vol. in-18, et Maradan 1812, 2 vol. in-8; et enfin dans l'édition Auguis, Paris, Chamerot, 1824-25, 5 vol. in-8. — On en a des réfutations par Suard, La Harpe et Morellet. Nous citerons, en particulier, la dernière :

— *De l'Académie française* ou réponse à l'écrit de M. Chamfort, de l'Académie française, qui a pour titre « des Académies. » Paris (1791), in-8, 108 p. — Cette brochure de Morellet a été réimprimée dans le t. Ier des *Mélanges de littérature et de philosophie du dix-huitième siècle,* du même auteur; Paris; Ve Lepetit, 1818, 4 vol. in-8.

B. — *Nouvelle Académie.*

Nous ne donnerons ici que les documents qui concernent la seconde section de l'Institut après l'année 1803 : avant cette époque il y avait bien une section de littérature (voir, en particulier, l'intéressant article de l'*Esprit des Journaux* de janvier et février 1797, sur l'*Institut national de la République française*) : mais ce n'est qu'à partir de la réorganisation de 1803 qu'on peut considérer la section de littérature comme succédant à l'ancienne Académie française.

Nous rappellerons qu'on trouve des détails fort intéressants dans le chapitre VII des *Mémoires et Correspondances* tirés des papiers de Suard voir notre n° 208), intitulé : Suppression des académies, création de l'Institut, rétablissement de l'Académie française.

304. — L'*Institut d'Athènes chez Périclès*, poëme allégorique suivi de notes (par Cubières). — Paris, Prud'homme 1807, in-8.

305.—La *Sotisiade ou le siége de l'Institut :* poëme épi-satiri-burlesque en six chants. — Paris, Mongie aîné, 1812, in-8.

306. — *Les Étrennes ou entretiens des morts sur les nouveautés littéraires, l'Académie française, le Conservatoire de musique, le Salon, les Journaux et les Spectacles,* recueillis par un témoin auriculaire, revenu ces jours derniers des enfers, par Francis Edmond. — Paris, Dentu, 1813, in-8. — Francis Edmond est le pseudonyme de François Fournier Pesçay.

307. — *Lettre à M. Aimé Martin sur MM. Suard et Delambre et sur la réorganisation de l'Institut en 1816.* — Angers, Cosnier et Lachèse, in-8, 36 p. — Cette lettre, datée du 15 juillet 1846 est du célèbre bibliothécaire Grille, qui a publié sur cette époque une foule de brochures dont les titres sont souvent assez bizarres. Citons, en particulier, les suivantes :

A. — *Lettre à M. le docteur Parisot sur les médecins et la médecine, sur l'Institut, le Collège de France, sur Chamfort, Andrieux, Mirabeau, le Tombeau d'Agnès Sorel : élections, exclusions, réintégrations, Querelle entre un préfet et un archevêque,* etc. — S. l. (Angers), Techener, 1847, in-8.

B. — *Lettre à M. Étienne Vieusseux sur le Brabant et Anvers au temps de l'Empire, l'Institut et le Directoire, Napoléon, Chénier, Benezech, Lacépède, Laborde, M. de Chateaubriant, et sur une infinité d'hommes et de choses qu'on ne devait pas s'attendre à voir mis dans le même sac. Ibid.,* 1817, petit in-8.

C. — *Lettre à M. le baron de Reiffemberg, directeur de la bibliothèque du roi, à Bruxelles et du Bibliophile belge, sur l'Institut royal de France et les académiciens libres.* (Extrait du bulletin du *Bibliophile belge*). Angers, Cosnier et Lachèse, in-8, 12 p. — Réimprimé dans la :

D. — *Lettre à M. Champollion-Figeac, l'un des conservateurs de la bibliothèque du roi, sur l'Institut et ses dépenses, Suard, Hédouin, Beaumarchais, le marquis de Pastoret et les Bonapartes, le tout mêlé de détails de mœurs, de documents et d'anecdotes,* par F. Grille. — Paris, Techener, 1847, in-8, 69 p.

E. — *Lettres sur le Bulletin des Arts et sur J. J. Vial, S. de Sugny, l'Institut*, etc., par le même. — *Ibid.*, 1846.

308. — *Plan d'une nouvelle organisation de l'Institut*, par P. L. Lacretelle aîné, de l'Académie française; dans la première partie de ses *Fragments politiques et littéraires*. — Paris, Foulon, 1817. 2 part. in-8.

309. — *Dénonciation contre l'organisation de l'Institut et le personnel de l'Académie française en 1816*. — Lettre de Suard publiée par M. Taschereau dans la *Revue rétrospective*, tome II, p 423, etc.

310. — *Revue des Quarante*, par une société d'académiciens caennais (signature Prosper). — Paris, Terry, août 1821, in-8, 40 p. — Revue fantaisiste et satirique des membres de l'Académie française à cette époque.

311. — *Épître à M. Casimir Delavigne sur les choix académiques*, par Fr. Eug. Garay de Monglave. Paris, Brianchon, 1824. In-8, 16 p.

312. — *L'Académie, le romantique et la charte, suivies du Soldat laboureur, cantate;* d'après le tableau de M. Horace Vernet. — Paris, Mongie aîné, 1825, in-8, 80 p.

313. — *Biographie des Quarante de l'Académie française*. — A Paris, chez les marchands de nouveautés, 1825, in-8 de 360 p. — Anonyme. — Le *Dictionnaire* de Barbier attribue cet ouvrage à trois auteurs en collaboration, J. Méry, A. Barthélemy et Léon Vidal. Ce sont des portraits satiriques, précédés d'une introduction non moins satirique. — 2e édition, 1826, in-8, 372 p. Reproduction de l'édition précédente, avec un supplément comprenant les biographies d'Arnault et d'Étienne.

Nous avons vu signalée dans un catalogue une édition de 1830; mais nous n'avons pas été à même de pouvoir vérifier l'exactitude de ce renseignement.

314. — *Biographie des Quarante de l'Académie française*, par le portier de la maison. Première édition, revue et corrigée par un de ces Messieurs et suivie de l'histoire des quarante fauteuils. — Paris, chez les marchands de nouveautés, au Palais-Royal, 1826, in-32, 96 p. (Imprimerie A. Béraud.)

D'après Quérard et Barbier, cet ouvrage, souvent attribué à Méry et même à Raban, est tout entier de la composition de F.-E. Garay de Montglave. Ces satires sont précédées d'une préface et d'une postface avec la liste des académiciens par fauteuils, par professions, etc.

315. — *L'Académie ou les membres introuvables*, comédie satirique en vers, par Gérard. — Paris, Touquet, 1826, in-8, 52 p. — 2e édition, la même année, sans le sous-titre « ou les membres introuvables. » *Ibid.*, 44 p.

L'auteur est Gérard de Nerval : trois membres de l'Académie sont acteurs dans la pièce.

316. — *L'Académie*, satire. — Paris, U. Canel, 1826, in-8, attribuée à Hyacinthe de Latouche, par Quérard (*France litt.*, IV. 1830) et par la *Revue bibliographique*, 1839. Le *Dictionnaire des Anonymes* de Barbier lui donne pour auteur Germond, d'abord secrétaire du garde des sceaux, ensuite chef

de division à la chancellerie, enfin l'un des propriétaires et rédacteurs de *l'Étoile*. — Cette satire est très-rare, car l'Académie vota de présenter une supplique pour la liberté de la presse, au moment où on allait la publier et l'auteur la retira. Sur ce dernier vote, voir les *Mémoires secrets sur Mgr de Quélen*, pamphlet de l'abbé Paganel, p. 154.

317. — *La Société du Dîner de la soupe à l'oignon*. — Article des *Sociétés badines, bachiques, chantantes et littéraires*, d'Arthur Dinaux. Paris, Bachelin, 1867, 2 vol. in-8. I, 234, 235. — Nous le citerons textuellement sans commentaires :

« Cette association prit naissance vers le milieu de la Restauration. Les membres du dîner de la *soupe à l'oignon* étaient vingt. La réunion avait lieu tous les trois mois. Le début du dîner était nécessairement une soupe à l'oignon. Tous les membres avaient juré que leurs réunions dureraient jusqu'à ce que les vingt convives confédérés fussent tous entrés à l'Académie. L'union fait la force, *labor improbus omnia vincit ;* ils s'assirent tous les vingt sur les fauteuils académiques, le dernier franchit les portes de l'Institut en 1845. Dès lors, les dîners de la soupe à l'oignon cessèrent. Cependant, quelquefois, un des anciens membres de cette association invite à dîner quelques-uns de ses collègues de l'Académie qui en ont fait partie comme lui. Alors, la *soupe à l'oignon* est de rigueur. En 1860, on disait qu'il restait encore onze membres de la *soupe à l'oignon* à l'Académie. »

318. — *Note sur la création de l'Institut*. — Paris, E. Duverger, 1840, in-8, 15 p. — C'est une réponse au *Suum quique* de Lakanal. (Paris, Didot, 1840, in-4), signée un ami de la vérité, pseudonyme de Alph. Hon. Taillandier, conseiller de la Cour de cassation. Lakanal lui répliqua par :

Première réponse à la note sur la création de l'Institut. — Paris, Didot, 1840, in-4.

319. — *Les Petits mystères de l'Académie française*, révélation d'un curieux, par Arthur de Drosnay. — Paris, chez Saint-Jorre et Dentu 1844, in-8, 198 p. — Ce sont des portraits satiriques des quarante académiciens.

320. — *L'Institut embaumé*, satire dédiée à M. Duveau. — Paris, imp. Lacour 1846, in-8. — Elle est signé Alexandre Ormin.

321. — *Les quarante fauteuils de l'Académie française*, par Auguste Julien. Articles publiés dans le *Siècle*, les 13 et 15 février 1849.

322. — *Éloge de l'Institut de France*. — Article de la *Revue britannique*, septembre 1850.

323. — *La fondation de l'Académie et l'organisation de l'Institut*. Discours prononcé par Lebrun, directeur de l'Académie à la séance annuelle des cinq académies en 1852. — Paris, Didot, 1852, in-4.

324. — *Épître à l'Institut*, par F. Grille. — Paris, Ledoyen, 1853, in-8, 8 p.

325. — *De l'Institut de France*. — Articles publiés par M. Granier de Cassagnac, dans le *Constitutionnel*, 1er et 2 juin 1854.

7

326. — *Le Protestantisme français et l'Académie française.* — Étude publiée dans le *Bulletin de la Société de l'histoire du protestantisme français.* Mars et avril 1854.

327. — Violente diatribe contre l'Académie dans la préface des *Chants modernes,* poésies de M. Maxime du Camp. — Paris, Michel Lévy, 1855, in-8. Voir à ce sujet un excellent article de M. Sainte-Beuve, dans l'*Athenæum* du 28 juillet 1855.

Cette diatribe n'a pas empêché M. du Camp de présenter dernièrement sa candidature à l'Académie, et ne l'empêchera probablement pas d'y être reçu quelque jour. Voir ce que nous avons dit plus haut de Montesquieu, de Lebrun-Pindare, de Nodier et de beaucoup d'autres.

328. — *Histoire du quarante-et-unième fauteuil de l'Académie française,* par Arsène Houssaye. — Paris, Victor Lecou, 1855, in-8. — Compte rendu, par Ch. Asselineau, dans l'*Athenæum* du 2 juin 1855.—Très-nombreuses éditions depuis cette époque. Citons, en particulier, la sixième, revue et considérablement augmentée, avec un portrait gravé par Geoffroy. — Paris, 1862, in-8.

Voici encore une satire, car la première pensée de l'auteur en l'écrivant a, sans doute, été de formuler l'antique accusation portée contre l'Académie au nom des grands hommes exclus de la noblesse académique. M. Arsène Houssaye est-il destiné à illustrer lui-même ce quarante-et-unième fauteuil, nous l'ignorons : ce qu'il y a de certain, c'est qu'il a récemment posé sa candidature à un fauteuil qui n'avait rien d'imaginaire. Ce serait ici le cas de répéter la piquante épigramme de Habert de Montmor à propos de Ménage que sa *Requête des Dictionnaires* condamnait à frapper en vain à la porte du cénacle. Il faut le faire entrer parmi nous, disait-il, comme on force un galant à épouser une fille dont il a terni la réputation.

329. — *Les Académies et principalement l'Institut.* — Articles publiés par M. Eug. Pelletan dans la *Presse,* les 6, 9 et 13 février 1856.

330. — *Un dernier mot à l'Académie.* — Article publié par M. Taxile Delord dans le *Siècle,* le 7 avril 1856, à propos des candidatures Biot et de Falloux.

331. — *Les Écrivains gentilshommes.* — Article publié par M. Taxile Delord dans le *Siècle,* le 5 mai 1856, en réponse à un article de M. de Pontmartin, dans le *Correspondant,* sur MM. de Broglie et de Falloux.

332. — *Sur l'Académie française.* Article inséré dans les *Bourdonnements* d'Alphonse Karr, au journal *le Siècle,* le 18 mai 1856.

333. — *L'Académie française en 1856 et 1857.* Chapitre des *Dernières études historiques et littéraires,* de M. Cuvilier-Fleury. Paris, Michel-Lévy, 1859. (214-247.)

334. — *L'Académie française, ses membres et ses candidats :* vive satire qui compose la septième des *Lettres de Junius.* Paris, Dentu, 1862, in-12, par Alphonse Duchesne et Alfred Delvau.

335. — *L'Académie française et sa mission*, par Atalle du Cournau. Les petits détracteurs, les dédaigneux et le public, les académiciens, les candidats, la mission de l'Académie. Paris, Douniol, 1864, in-8. — 2e édition, augmentée d'une préface nouvelle sur les candidatures souveraines. Paris, Sausset, 1865, gr. in-8, 40 p. C'est une brochure apologétique. La préface de la seconde édition a été composée en partie pour répondre à la brochure indiquée ci-dessous, au n° 339.

336. — *Les quarante médaillons de l'Académie*, par J. Barbey d'Aurevilly. Paris, Dentu, 1864, 1 vol. in-18, 136 p. Portraits satiriques, très-lestement enlevés; sans introduction.

337. — *La Conspiration des quarante*. Paris, Dentu, 1864, in-8, 32 p. Satire très-vive de Théophile Silvestre.

338. — *L'Académie française*. Article de M. de Pontmartin (20 février 1864), dans ses *Nouveaux samedis*. Paris, Michel Lévy, 1865, I (164-177), composé pour répondre à la brochure précédente et aux *Quarante médaillons* de Barbey d'Aurevilly.

339. — *Les Immortels*. — Satire en vers de M. Ch. Monselet sur les élections académiques, imprimée dans le volume intitulé : *Les Femmes qui font des scènes*. — Paris, Michel Lévy, 1864, in-12. — Souvent réimprimé dans la collection Lévy.

340. — *L'Empereur à l'Institut*. Paris, 1865, in-8, brochure publiée à l'occasion des bruits de candidature de l'empereur Napoléon III, à l'Académie française, après la publication du premier volume de la *Vie de César*.

341. — *La Question des femmes à l'Académie française*, lettre aux quarante, par Louis Lacour. — Paris, 1865, in-32.

342. — *De l'Académie française, de ses destinées et de son passé*, par Philarète Chasles, professeur au Collége de France. — Extrait de la *Revue moderne*, livraison du 10 juillet 1868. — Paris, librairie internationale, A. Lacroix, Verboeckhoven et Cie, 1868, gr. in-8.

Le préambule donnera une idée suffisante du ton de cette brochure : « J'ai connu de mon temps trois personnes honorables, chez lesquelles le désir de devenir membre de l'Académie française avait acquis un degré d'intensité si dévorante, qu'après une recherche assidue et fébrile de quelque dix ou douze années, elles sont mortes, mais très-réellement, et uniquement de leur passion inassouvie. C'étaient des esprits aimables, que l'opinion sociale envahissait, dominait et dirigeait; ornés d'ailleurs, distingués et polis, qui auraient justifié, par leurs œuvres et l'éclat ou la solidité de leur mérite, l'adoption académique. Ils avaient placé les espérances de leur vanité, le repos de leur vie, la garantie même de leur honneur sur cette seule carte: la perte de la partie les a désespérés et tués... »

Vous êtes orfèvre, M. Josse, pourrait-on répliquer à M. Chasles, qui nous a toujours paru mériter lui-même de figurer parmi ces trois personnes honorables. Paix à sa cendre. L'Académie n'a sans doute pas eu conscience de son crime.

342 *bis*. — *L'Académie française*. — Satire d'environ 500 vers de M. Amédée Pommier, publiée en feuilleton, dans la *Liberté*, le 1er avril 1868, au chapitre IV des « *Choses du temps*, causeries mensuelles en vers. »

343. — *Études littéraires. La fin de l'Académie*, par Arthur Ponroy. — Paris. Dentu, 1872, in-12. — Brochure composée principalement à l'occasion des élections de M. Littré et du duc d'Aumale.

344. — *Les Factions à l'Académie française*. — Article de M. Auguste Nisard, dans *la Patrie* du 6 juillet 1875. — Le titre suffit pour expliquer l'article.

IX

OUVRAGES DÉDIÉS A L'ACADÉMIE FRANÇAISE.

Malgré de longues et patientes recherches, ce chapitre sera nécessairement très-incomplet, et nous prions instamment tous les bibliographes désireux de voir un jour notre travail parachevé de vouloir bien nous communiquer leurs notes et de nouveaux renseignements. Nous avons cependant préféré ouvrir le chapitre, quelque incomplète que puisse être notre revue, pour indiquer dans quel sens doivent se porter les investigations. Nous ne reproduirons pas, bien entendu, les titres d'ouvrages qui figurent déjà dans les chapitres précédents.

345. — DE LA PEYRE. — *De l'éclaircissement des temps.* — *A l'éminente.* — Paris, 1635, in-12.

Pellisson nous apprend que Gomberville et Malleville furent chargés d'aller remercier l'auteur, qui avait fait graver en tête de son volume un portrait du cardinal avec une couronne de rayons, sur chacun desquels se trouvait le nom d'un académicien.

346. — BELOT. — *Apologie de la langue latine*, contre la préface de La Chambre, en son livre des *Nouvelles conjectures de la digestion*, etc., suivie d'une *Lettre de l'auteur à Messieurs de l'Académie françoise.* — Paris. Targa, 1637, in-8, 54 p. La lettre à l'Académie est sans pagination, et comprend 4 pages. — Voir, au sujet de cet ouvrage de l'avocat Belot, la *Requête des dictionnaires*, par Ménage et notre étude sur Cureau de La Chambre, 1ʳᵉ édition, au IIIᵉ livre de notre *Histoire du chancelier Séguier*, 2ᵉ édition très-augmentée, dans la *Revue du Maine*, février 1877.

347. — SILLAC D'ARBOIS, pseudonyme de J.-Fr. *Sarrazin.* — *Discours de la tragédie*, ou remarques sur *l'Amour tyrannique*, de M. de Scudéry, à Messieurs de l'Académie françoise. Paris, s. d. (1638) in-8. — Réimprimé dans les œuvres de Sarrazin. Paris, Billaine 1663, 2 volumes in-12. — Omis par Pellisson dans sa liste des ouvrages dédiés à l'Académie avant 1652.

348. — Lesfargues.— *Les Controverses de Sénèque.* — Paris, Camusat, 1639, in-4. — M. Livet a reproduit le début de la dédicace *à Messieurs de l'Académie françoise.*

349. — Le Taneur. — *Des quantités incommensurables,* avec la traduction du dixième livre d'Euclide. Paris, 1650. — Avec un discours à l'Académie sur le moyen d'expliquer les sciences en français. (Pellisson.)

350. — Racan. — *Odes sacrées,* dont le sujet est pris des psaumes de David, et qui sont accommodées au temps présent. — Paris 1651, avec une lettre à Messieurs de l'Académie française et « la réponse de MM. de l'Académie, par M. Conrart, secrétaire de la Compagnie. »

Racan donna en 1660 une nouvelle édition augmentée de son recueil sous ce titre : *Les Psaumes* de Messire Honorat de Beuil, chevalier, seigneur de Racan, — avec une nouvelle épître dédicatoire à l'Académie, différente de la première. — M. Tenant de Latour a reproduit ces diverses pièces dans l'édition des œuvres de Racan, de la bibliothèque elzévirienne. Paris, Jannet, 1857, 2 vol. in-12.

351. — Le P. Bouhours. — *Doutes sur la langue françoise,* proposés à Messieurs de l'Académie, par un gentilhomme de province. Paris, 1674, in-12. — On sait que cet ouvrage fut suivi en 1675 de *Nouvelles remarques sur la langue françoise,* et, en 1692, d'une *suite des remarques.* Le P. Bouhours était un des premiers grammairiens de son temps.

352. — *La Défense des beaux esprits de ce temps contre un satyrique,* dédiée à Messieurs de l'Académie françoise. Paris, V. Adam, 1675, in-12. — La lettre de dédicace est signée *De Lérac.* L'auteur défend surtout, contre Boileau, les œuvres de Saint-Amand, de Scudéry, de Brébeuf et de Sainte-Garde.

353. — L'abbé de Villiers. — *Entretiens sur les contes des fées* et sur quelques autres ouvrages du temps, pour servir de préservatif contre le mauvais goût, et dédiés à Messieurs de l'Académie françoise. — Paris, Collombat, 1699, in-12.

354. — L'abbé Genest. — *Dissertations sur la poésie pastorale* ou de l'idylle et de l'églogue, à Messieurs de l'Académie françoise. Paris, J.-B. Coignard, 1707, in-12. — A cette époque, l'abbé Genest était déjà à la compagnie.

355. — *Le nouveau testament du P. Quesnel,* dénoncé à l'Académie française (par l'abbé de la Chétardie, curé de Saint-Sulpice). S. l. (1713), in-12.

356. — Mme de Gomez. — *Le Triomphe de l'éloquence* dédié à Messieurs de l'Académie françoise, Paris, 1730, in-12.

357. — L'abbé de la Baume. — *Éloge de la paix,* dédié à l'Académie françoise. Paris, 1736, in-4. — Voyez, *Observations sur les écrits modernes,* VII, 97, etc., et le *Pour et contre,* XI, 3-9.

358. — *Racine vengé,* ou examen des remarques grammaticales de M. l'abbé d'Olivet, sur les œuvres de Racine. — Avignon, Paris, 1739, in-12. (Par l'abbé Desfontaines.)

359. *Lettre aux académiciens du royaume* et à tous les Français sensés. Paris, 1769, in-8. — C'est une critique de plusieurs expressions usuelles. — Voyez un compte rendu au *Journal encyclopédique*, octobre 1769.

360. — *Lettre de M. de Voltaire à l'Académie française* (sur Shakespeare), lue dans cette académie à la solennité de la Saint-Louis, le 25 auguste 1776, Genève, 1776, in-8. — Seconde lettre, 1776, in-8. — Réimprimées en-dehors des œuvres de Voltaire, en 1827, sous le titre de : *Lettres de M. de Voltaire à l'Académie française sur Shakespeare et son théâtre*, Paris, Renduel, 1827, in-18, 36 pages.

361. — *A Messieurs de l'Académie*, au sujet d'une lettre de M. de Voltaire, etc., lue le 25 auguste, vulgairement août 1776, par M. le chevalier de Rutlige, 1767, in-8, 42 p. — Voyez à ce sujet les *Mémoires secrets de Bachaumont*, X, 1. — On a encore sur cette polémique les opuscules suivants, cités par Quérard :

A. — *Essay on the Genius and Writing of Shakespeare*, etc., with remarks upon the misrepresentations of M. de Voltaire, by Mrs Elisabeth Montague. London, 1777, in-8.

B. — *Apologie de Shakespeare*, traduit de l'anglais de Milady Montague, par F. Letourneur, traducteur de Shakespeare. Paris, 1777, in-8.

C. — *Discours sur Shakespeare et sur M. de Voltaire*, par Jos. Baretti, secrétaire pour la correspondance étrangère de l'Académie royale britannique Londres, 1777, in-8.

362. — VOLTAIRE. — *Irène*, tragédie en cinq actes (précédée d'une lettre ou dédicace à l'Académie française). Paris, 1779, in-8. Voltaire dans la dédicace répond à la brochure de Lady Montague citée au n° précédent.

363. — *Des Pensées de Pascal*, rapport à l'Académie française sur la nécessité d'une nouvelle édition de cet ouvrage, par M. V. Cousin. Paris, Ladrange, 1843, in-8. — Ce rapport avait paru précédemment dans les livraisons du *Journal des savants* d'avril à novembre 1842.

364. — *Bibliographie raisonnée de l'Académie française*, par René Kerviler, ancien élève de l'École polytechnique. — Paris, Librairie de la Société Bibliographique, 1877, in-8. — Il s'agit du tirage à part de la présente étude.

Nous ajouterons, ici en un seul chapitre, les additions que nous avons pu recueillir sur nos divers articles depuis le commencement de leur impression.

365. — *Avis de l'Académie* pour les prix et concours de l'année courante. — C'est un imprimé, dit l'abbé d'Olivet, que « l'Académie répand par toute la France, plus de six mois avant la fête de Saint-Louis. » Nous n'en avons pas retrouvé trace.

366. — *L'Honneur que le roi a fait à l'Académie françoise* en acceptant la qualité de son protecteur et lui donnant le logement au Louvre. — Sujet du prix proposé en 1673. — Le lauréat fut l'abbé Genest, plus tard académicien.

Voyez aussi *Mercure galant* des 25 juin et 2 juillet 1672, les *Mémoires* de Charles Perrault, et une pièce latine de P. Daugières, citée par M. Livet.

367. — *Médaille* frappée en l'honneur de Louis XIV, protecteur de l'Académie française. — Voyez l'*Histoire métallique* du règne de Louis XIV, appelée aussi l'histoire du roi par les médailles. Les légendes étaient *Apollo Palatinus* et au revers *Academia Gallica intra regiam excepta M. D. C. LXXII*. L'abbé d'Olivet l'a fait graver dans son *Histoire de l'Académie*. — Voyez aussi le *Nouveau Panthéon*, ou le rapport des divinités du paganisme, des héros de l'antiquité et des princes surnommés grands, aux vertus et aux actions de Louis le Grand; par M. de Vertron, 1686 in-12, (35-46); et, du même auteur, une lettre à l'abbé Desmarais (p. 41-47).

368. — *L'Académie française au château de Sceaux chez Colbert.* — Voyez le *Mercure galant* pour octobre 1877, et le nouvel ouvrage de M. Alfred Neymark intitulé *Colbert et son temps*, Paris, Dentu, 1877. 2 vol. in-8, II (347-351).

369. — *Les Odes rivales*, ou le Songe de Lizis sur le prix de l'Académie française. — Cette pièce de 240 vers nous a été signalée par M. le docteur Desbarreaux-Bernard, de Toulouse, et se trouve insérée dans le *Portefeuille* de M. L.-D. F***, daté de Carpentras, 1694, que Barbier attribue à Lafaille, l'auteur des *Annales* de Toulouse.

370. — *Discours* prononcé à l'Académie par M. de Clermont-Tonnerre au sujet de la fondation à perpétuité du prix de poésie. — Ce discours, qui ne figure pas dans le *Recueil des harangues*, a été donné par le *Mercure galant*, en 1699.

371. — *Discours* adressé à la porte de l'Académie française, par M. le Directeur, à M***. Paris. 1743, in-8. — C'est une satire attribuée au poëte Roy, sur la réception de Voltaire à l'Académie. Desfontaines l'a réimprimée dans le *Voltairiana* (voir n° 372).

372. — *Le Triomphe poétique* tel qu'il est venu à notre connaissance en 1739, avec les *Variantes* pour l'an 1746 au bas des pages. — Paris, 1746 in-8. — Satire en vers par Travenol fils, violon de l'Académie royale de musique. Desfontaines l'a réimprimée dans le *Voltairiana*. Voir plus bas, n° 372, les suites de cette satire.

373. — *Discours prononcé* à l'Académie par M. de Voltaire. Paris, 1746, in-8. — C'est une harangue ironique dont l'auteur est Baillet de Saint-Jullien.

374. — *Lettre d'un académicien* de Villefranche à M. de Voltaire, au sujet de son remercîment à l'Académie française. Paris, 1746, in-4.

375. — *Voltairiana*, ou Éloges amphygouriques de Fr. Marie Arouet, S' de Voltaire, gentilhomme ordinaire, conseiller du roi en ses conseils, etc., — discutés et décidés pour sa réception à l'Académie française. — Paris 1748, in-8. — Cette compilation est de l'abbé Desfontaines. On y remarque, outre plusieurs épigrammes en vers et quelques-unes des pièces précédentes :

1° Des réflexions sur le remercîment de M. de Voltaire à l'Académie française.

2° Un mémoire signifié pour Louis Travenol, de l'Académie royale de musique, contre le sieur A*** de V***, de l'Académie française. — Voltaire avait cité Travenol devant les tribunaux à cause de sa pièce le *Triomphe poétique;*

3° Un mémoire signifié pour le sieur Antoine Travenol, maître de danse à Paris, demandeur en intervention ;

4° Un plaidoyer pour le sieur Travenol fils ;

5° Un mémoire de V*** et réponse de Travenol ;

6° Un mémoire sur l'appel, par A. Travenol, etc.

376. — *Observations d'un théologien* sur l'Éloge de Fénelon (par la Harpe) couronné par l'Académie française (1771), in-8. — Cette pièce est du P. Gourdon. Voir, à ce sujet, le curieux article de Quérard, *France littéraire*, t. IV, p. 439, 440.

377. — *Le Mercure* de 1779 contient une polémique très-violente entre

8

Suard et La Harpe au sujet du dithyrambe en l'honneur de Voltaire, proposé au concours par l'Académie. — Voir, an sujet de cette polémique, les *Mémoires* de Bachaumont, t. XIV, p. 234.

378. — *Rapport* à la classe de la langue et de littérature française, sur ses projets de publications et de mémoires, par Arnault. (*OEuvres d'Arnault*, t. V, p. 11-18.)

379. — *Des académies*, et plus particulièrement de l'Académie française. (*OEuvres d'Arnault*, t. VI, p. 79-90.)

380. — *La Gascogne à l'Académie française.* Série d'études publiées par M. René Kerviler dans la *Revue de Gascogne*, depuis 1875. On a des tirages à part des deux premières : *Jean de Silhon* (Paris, Dumoulin 1876, in-8), et *Salomon de Virelade* (*ibid.*, in-8).

381. — *La Champagne à l'Académie française.* Série d'études publiées par M. René Kerviler dans la *Revue de Champagne et de Brie* depuis 1876 . On a un tirage à part de la première : *Nicolas Perrot d'Ablancourt* (Paris, Menu, 1877, in-8).

382. — *Le Maine à l'Académie française.* Série d'études publiées par le même auteur dans la *Revue du Maine* et dans le *Bulletin de la Société d'agriculture, sciences et arts de la Sarthe*. On a le tirage à part des premières : *Guillaume Bautru* (Paris, Menu, 1876, in-8), et *Les deux Cureau de la Chambre* (Le Mans, Pellechat, 1877, in-8, portrait).

FIN

TABLE DES MATIÈRES

wwwwww

Saint-Quentin. — Imprimerie JULES MOUREAU.

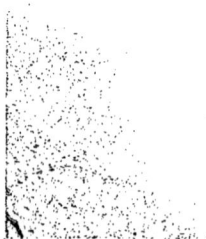

SAINT-QUENTIN

IMPRIMERIE JULES MOUREAU, 7, PLACE DE L'HOTEL-DE-VILLE

www.ingramcontent.com/pod-product-compliance
Lightning Source LLC
Chambersburg PA
CBHW071812090426
42737CB00012B/2055